Hohenheim
● ● ●

Annemarie Griesinger

Heidenei, Frau Minister!

Lachen ist die beste Politik

Herausgegeben von
Martin Hohnecker

Hohenheim Verlag
Stuttgart · Leipzig

*Minister a.D. Annemarie Griesinger,
wie man sie kennt*

3. Auflage 2006
© 2006 Hohenheim Verlag GmbH,
Stuttgart · Leipzig
Alle Rechte vorbehalten
Satz: Satz & mehr, Besigheim
Druck und Bindung:
Ludwig Auer GmbH, Donauwörth
Printed in Germany
ISBN 3-89850-140-X

Inhalt

Vorwort des Herausgebers 9
Vorwort von Annemarie Griesinger 12

Kopfsprung in die Politik 14
Ein Complet für Adenauer 15
„Sie vertreten uns Frauen" 17

Lehrreiche Kinderjahre 19
Die Mutter im Seminar 20
Bitte, fragen Sie weiter! 22
Dem Vater Mut gemacht 23
Ähren und Bücher lesen 24
„Ami, hol den Ball!" 27
Als Schülerin Mittelmaß 29
„Nicht folgsam" 31

Rotes Kreuz statt Schauspiel 34
Immer wieder Donnerwetter 36
Gebiß und Brille 38
Buchelessammeln und die Folgen 40
Wein bis zum Strich 41

Fürsorge und Beratung 45
Kontakt in der Bücherei 46
Ende der guten Tage 49

Als Frau in die CDU 51
„Nicht einmal Mitglied" 52

Eine prominente Ahnengalerie 54
Maler und Juristen 57

Die Bundeshauptstadt ruft 60
Zigarren vom Kanzler 63
Devise „Schnabel halten" 66
Goldschmied als Mentor 68
Ein Katalog voll Schmuck 70

Glückwünsche von Adenauer 72
Kekse für den Altkanzler 77
Hemden und Schillerwein 80
Einsatz für die Bäuerinnen 82

Kiesinger, Barzel, Wehner 86
Herr Griesinger, blasen Sie! 88
Die Ehre der Partei gerettet 91
Schwester in Christo 93
Quatsch aus hübschem Mund 95
Brandt und das schöne Märchen 98
Das Mißtrauensvotum 100

Als Frau Minister nach Stuttgart 104
Rock oder Kopf? 106
Die Chefin fragt um Rat 108
Krach mit forschem Referenten 110
Mühsame Arbeit an der Basis 111
Ärger mit den drei Ks 115
Arbeit für Behinderte 117
Hilfe zur Selbsthilfe 119

Von Land und Leuten 122
Differentialrat als Treiber 124
Empfehlenswerte Kandidatin 127

Das Temperament von Lothar Späth 131
Millionen aus der Matratze 133
Ab nach Bonn? 134
Lothar, ich mach's 136
Zwischen den Fronten 140
Abschied mit Schäfern 143

Ein Leben nach der Politik 146
Ideen aus Übersee 147
Riecher für Talente 152
Mit dem Weinvogt im Bett 156
Bloß keine Schauprüfung 160

Vögel und Maultaschen 164
Tradition in Gefahr 165
Frauen tragen Verantwortung 167
Demokratie und nasse Füße 169
Das Spiel nicht überreizen 171
Weiber und Politik 172

**„Lebensnah und fundiert": Politiker und Medien
über Annemarie Griesinger** 175

Zeittafel 186

Register 189

Vorwort des Herausgebers

Junge Journalisten, sofern sie nicht mit eingeschlafenen Füßen auf die Welt gekommen sind, haben klare Ansichten, was und wie Politiker sein müßten: intellektuelle Pfadfinder, Ideen speiende Vulkane. Und natürlich unermüdliche Streiter für Recht und Freiheit, für eine bessere Welt. Mindestens.

Als junger Journalist hatte ich in den sechziger Jahren ein Erlebnis mit Annemarie Griesinger, der Ludwigsburger CDU-Bundestagsabgeordneten. Sie hatte zu einer Pressefahrt eingeladen, und nun saß ich mit ihr in einem VW-Bus, dessen Fahrer unermüdlich durch die Weinberge kurvte. Die Schiebetür war geöffnet. Wehe, wenn auch nur ein Wengerter, eine Bauersfrau, ein Arbeiter am Horizont sichtbar wurden. Dann begann die Abgeordnete heftig zu winken und zu rufen, schon aus der Ferne: „Hallo, Grüß Gott! Wie geht es Ihnen? Wie wird die Ernte? Wie geht es Ihrer Familie?"

Die solchermaßen angewinkten, angerufenen, angesprochenen Menschen waren erst ein wenig ratlos und verstört, doch als sie merkten, wer sie da aus dem Auto heraus begrüßte, grüßten sie freundlich zurück: „Grüß Gott, Frau Griesinger". Oder „Hallo, Annemarie!"

Offen gesagt: Mir war das peinlich. Politiker und ihre Auftritte hatte ich mir anders vorgestellt. Hinterher schrieb ich einen ziemlich distanzierten, ironischen Text über den Felddienst der schwäbischen Grüßgott-Annemarie.

Ältere Journalisten, sofern sie nicht als ewige Illusionisten auf die Welt gekommen sind, nähern sich im Laufe ihrer Berufsjahre der Lebenswirklichkeit an – auch was ihre politischen Vorstellungen angeht. Sie sind schon zufrieden, wenn Politiker nicht im ideologischen Wolkenkuckucksheim schweben, wenn sie den Bezug zur Realität und zu ihrem Wahlvolk nicht verlieren – wenn sie etwas Positives bewegen für ihre Bürger.

Heute sehe ich den damaligen Auftritt von Annemarie Griesinger – und unzählige andere auf Festen, in Versammlungen, bei Benefizterminen – anders. Die „Frau Minischder" hat nicht gewartet, bis Menschen zu ihr kamen, sie ging auf sie zu: offen, herzlich, zuhör- und gesprächsbereit. Damit macht man keine Schlagzeilen, damit erringt man keinen Stammplatz in Leitartikelspalten. Aber man hat das Ohr an den Menschen, an der öffentlichen Meinung. Heute würde ich meinen Kommentar von damals ein wenig umschreiben.

Zu spät. Annemarie Griesinger hat der Politik schon lange Valet gesagt. Doch wenn sie unterwegs ist – auf Festen, in Versammlungen, bei Benefizterminen – zeigt sich ihre ungebrochene Popularität. Eine Popularität, die, von ein, zwei Ex-Ministerpräsidenten einmal abgesehen, alle hochmögenden Kabinettskollegen von damals in den Schatten stellt. Die sind meist vergessen, aber „die Annemarie" wird noch immer geliebt.

In diesem Buch erzählt sie aus ihren Leben. Weniger von politischen Heldentaten. Sondern von Begegnungen, von glücklichen Zufällen, von heiteren Momenten. Immer wieder taucht darin die Feststellung auf, daß sie selbst oder jemand anderes etwas „lachend gesagt" habe. Das ist keine leere Floskel. Kaum jemand lacht so gern, so herzlich und so ansteckend wie Annemarie Griesinger. Schon deshalb macht es Spaß, mit ihr zu reden, ihr zuzuhören. Und das Zuhören lehrt etwas: daß Politik, verbunden mit Humor und Zuversicht, etwas sehr Menschliches und Produktives sein kann. Etwas, was viel weniger Politikverdrossenheit produziert als manche Ausbrüche unserer heutigen Berliner Ideenvulkane.

Martin Hohnecker

Vorwort von Annemarie Griesinger

Grüß Gott,
liebe Leserin, lieber Leser,
mein Name ist Annemarie Griesinger, geborene Roemer. Ich komme aus Markgröningen, der alten schwäbischen Reichs- und Schäferlaufstadt. Vielleicht kennen Sie mich auch unter einem meiner Beinamen: Ami, Annemi, Feschtles-Marie, Frau Heidenei – und so weiter. Vor einiger Zeit habe ich mein neuntes Lebensjahrzehnt begonnen. Zeit also, ein wenig aus meinem Leben zu erzählen: von Politik und Politikern, natürlich. Schließlich habe ich auf diesem Feld ein paar Superlative aufzuweisen – der erste weibliche Minister in der Geschichte des Landes Baden-Württemberg und seiner Vorgänger! Die erste Bundestagsabgeordnete, die das goldene Sportabzeichen in Bonn gleich zweimal machte!

Doch mehr als von der großen Politik, die sich in den Geschichtsbüchern nachlesen läßt, will ich von Menschen erzählen. Von Menschen, denen ich in meinem Leben begegnet bin, die ich erleben durfte, denen ich vieles zu verdanken habe. Und auch von jenen, denen ich helfen konnte. Denn das war mir immer das Wichtigste: andere Menschen zu unterstützen, so daß sie ihr eigenes Leben in Würde meistern konnten.

Ich will kein Geheimnis aus dem machen, was mir selbst in meinem Leben geholfen hat, von meinem Mann Heinz einmal abgesehen. Das waren vor allem drei Dinge. Erstens das Gottvertrauen, das mir meine Eltern mit auf den Weg gegeben haben. Meine Mutter hat immer gesagt: „Kinder, das Schicksal können wir nicht ändern. Aber Gott gibt uns die Möglichkeit, das Beste daraus zu machen." Zweitens der Humor, den ich auch von meiner Mutter geerbt habe und der mich das Lachen gelehrt hat – auch das Lachen über mich selbst. Und drittens das Glück, das mich eigentlich nur zweimal verlassen zu haben schien: bei einer Erkrankung nach dem Zweiten Weltkrieg – und vor einiger Zeit, als ich mir den Arm gebrochen habe. Es war der einzige Knochenbruch in mehr als acht Jahrzehnten. Der Arzt sagte: „Frau Griesinger, da haben Sie ja noch Glück gehabt, es ist nur der linke Arm!" Wie konnte der gute Mann ahnen, daß ich Linkshänderin bin!

Großes Glück hatte ich schon bei meinem Start in die Politik. Ich war damals – aber das ist ja schon die erste Geschichte, die ich gern erzählen möchte.

Kopfsprung in die Politik

Es war im Jahr 1961. Damals stand eine Bundestagswahl bevor, und im CDU-Bundesvorstand, dem ich damals schon angehörte, gab es ein Vorbereitungsgespräch mit Bundeskanzler Konrad Adenauer. Dabei sagte er, er würde gern einmal vor einer großen Frauenversammlung sprechen. Ich erwiderte spontan: „Herr Bundeskanzler, wenn Sie das wollen, wäre es schön, wenn Sie nach Stuttgart kämen. Wir haben auf dem Killesberg eine große Halle. Ich lade Sie ein." Darauf er in seinem rheinischen Tonfall: „Ja, Frau Kollegin, wenn'se dat vorbereiten wollen, bin ich gern bereit zu kommen."

In den nächsten Wochen haben wir die Frauenunion aktiviert, dazu die Landfrauen, und zum Schluß habe ich mich zu Maria Raiser, der soliden, sehr gebildeten Vorsitzenden der Frauenunion begeben, die Hand an die imaginäre Mütze gelegt und gesagt: „Befehl ausgeführt! Frau Raiser, ich freue mich, Ihnen mitteilen zu können, daß Sie den Kanzler auf dem Killesberg gemeinsam mit elftausend Frauen begrüßen können." Elftausend!

Da lachte sie mich an und sagte: „Sehen Sie nicht, daß ich weiße Haare habe? Aber wir wollen doch die Wahl gewinnen, die jungen Leute ansprechen. Deshalb muß eine junge Frau den Bundeskanzler begrüßen." „Und an wen haben Sie gedacht?" fragte ich. Sie lachte wieder: „An Sie, Frau Griesinger." Ich erschrak: „Um Gotteswillen, nein, ich hab so etwas noch nie gemacht. Und im übrigen habe ich kein passendes Kleid." Da lachte sie zum dritten Mal: „Dann gehen Sie zur Firma Oberpaur in die Marienstraße, sagen Sie einen Gruß von mir, da kriegen Sie etwas Preisgünstiges."

Ein Complet für Adenauer
So habe ich mir, Konrad Adenauer zuliebe, ein wunderschönes, roséfarbenes Complet gekauft, mit einem Veilchensträußchen dran – so etwas Schönes hatte ich vorher noch nie angehabt. Ich fühlte mich wie eine Prinzessin. Aber weil das so kostbar war, habe ich es in Seidenpapier gepackt und bin zum Killesberg gefahren, zu den Messehallen.

Der 22. Juni 1961 war, ich weiß es noch wie heute, ein knallheißer Tag. Plötzlich grinste mich ein Journalist, der mit dem Kanzler aus Bonn angereist war, an und sagte: „Mein Gott, Frau Griesinger, Sie gucken so ernst. Lächeln Sie doch so fröhlich wie sonst – und machen Sie Ihre Rede möglichst kurz bei der Hitze." Also habe ich mich auf dem Klo umgezogen und meine Freunde sagten: „Uuuh, sieh'sch du schön aus, setz dich hin, trink noch was." Aber ich war viel zu aufgeregt: „Nein, bloß nicht, dann kriegt das neue Kleid Runzeln, oder ich mach einen Fleck rein."

Dann ging es endlich los. Änne Brauksiepe, die damalige Bundesvorsitzende der Frauenunion und spätere Frauenministerin, hielt eine sehr lange, sehr leidenschaftliche Rede. Die hätte wunderbar nach Köln gepaßt – aber nicht zu uns Schwaben. Das war mein Glück. Ich hielt mein kurzes Grußwort und sagte: „Herr Bundeskanzler, elftausend Frauen aus ganz Baden-Württemberg sind trotz der Hitze extra wegen Ihnen hierher gekommen. Aber ich möchte daran erinnern, daß diese Frauen eine sehr kurze Nacht hatten. Sie haben für ihre Familien vorkochen müssen, ehe sie um sechs Uhr mit dem Bus losfuhren. Das sollten Sie wissen, damit Sie spüren, wie dankbar wir für Ihren Besuch sind." Da hat sich der Kanzler gefreut, da hat er geschmunzelt – und am nächsten Tag las ich zum ersten Mal meinen Namen groß in den Zeitungen.

„Sie vertreten uns Frauen"
Ein paar Tage später stellten die Delegierten die CDU-Landesliste für Baden-Württemberg auf. Gut, ich hatte zugesagt, für einen der hinteren Plätze zu kandidieren – aber sozusagen nur als Geranienstock, damit auch Frauen auf der Liste sind. Für Platz vier, den aussichtsreichen Nachrückerplatz, war ein hoher Beamter aus dem Innenministerium vorgesehen, ein würdiger CDU-Mann. Doch was haben die Delegierten gemacht? Ich war zu Tode erschrocken: Die wählten mich auf den vierten Platz! Einfach deshalb, weil sie mich bei meinem Adenauer-Auftritt gesehen oder davon gelesen hatten.

Das hatte ich nun wirklich nicht gewollt. Ich hatte ja meine wichtige Aufgabe als Fürsorgerin beim Landratsamt Ludwigsburg. Also entschuldigte ich mich bei dem unterlegenen Kandidaten und sagte: „Das geht nicht, das kann ich nicht machen." Aber da zog mich Maria Raiser energisch am Rockzipfel und sagte: „Frau Griesinger, Sie gehören jetzt nicht mehr nur sich selbst, Sie vertreten uns Frauen." Das war für mich wie ein elektrischer Schlag. „Hergolanum", dachte ich, „jetzt hast du tatsächlich eine größere Verantwortung". Es sollte noch drei Jahre dauern, bis ich wirklich in den Bundestag nachrückte. Aber die Weichen waren gestellt.

Doch wir eilen der Zeit voraus. Angefangen hat alles Jahrzehnte früher.

Lehrreiche Kinderjahre

Meine Eltern haben sich in Tübingen kennengelernt. Mein Vater, Professor Dr. Hermann Roemer, geboren 1880 in Pfrondorf bei Tübingen, war damals als junger Theologe Repetent am Tübinger Stift. Meine Mutter Elisabeth, geborene Schüz, besuchte ihren Vater, ebenfalls ein Theologe, der damals Leiter des Lehrerseminars in Backnang war, im Krankenhaus. Und beide waren verwandt mit dem humorvollen Tübinger Dekan Christian Roemer, der später Prälat an der Stuttgarter Stiftskirche war. Roemer und seine Frau haben, ganz geschickt, zu einer Abendveranstaltung eingeladen, bei der sich die beiden jungen Leute kennen- und danach auch lieben gelernt haben. Meine Mutter hat später gern den Vers repetiert: „Sechs Repetenten gibt's im Stift, Heil der Jungfrau, die es trifft." Denn aus diesen Repetenten wurde meist mehr als ein Dorfpfarrer.

Am 18. Juli 1911 haben die beiden geheiratet. Mein Vater wurde daraufhin als zweiter Pfarrer in Bietigheim „ständig" und durfte mit seiner Familie das neu erbaute, stattliche Pfarrhaus beziehen, ein burgähnliches Gebäude mit Mauer. Dort sind vier meiner fünf Brüder geboren worden. Deshalb hieß das Haus im Bietigheimer Volksmund „Die Roemer-Burg." Das wird oft noch heute bei Stadtführungen erzählt, und manche Leute glauben dann, hier sei vielleicht der Limes, der alte römische Grenzwall, verlaufen. Von wegen.

1918 sind meine Eltern nach Markgröningen gezogen, weil mein Vater dort eine Stelle als Studienprofessor am Lehrerinnenseminar bekommen hat. Das war ein Vorläufer der späteren Pädagogischen Hochschulen. Dort durften Kinder vom Land ihre Gymnasialausbildung samt Abitur machen – und gleich danach zwei Jahre Lehrerausbildung. Die Mädchen haben in dem herrlichen alten Markgröninger Schloß gewohnt, und Vater hat sie dort unterrichtet.

Die Mutter im Seminar
Dabei spielte auch meine ungemein wissensdurstige Mutter eine Rolle. Obwohl sie mit ihren Buben viel zu tun hatte, hat sie meinen Vater gebeten: „Hermann, darf ich nicht manchmal deinem Unterricht zuhören? Ich würde noch so gern was dazulernen." Da hat er gesagt: „Ja, Liesel, wenn du nix schwätzsch, darfsch dabei sein." Die Mutter hat sich daran gehalten. Und wenn

ich als Kind daheim aufwachte und heulte, weil meine Mutter nicht da war, sagte unser Mädchen: „Mäusle, musch net heula, d'Mutter isch im Seminar." Sobald ich das Zauberwort „Seminar" hörte, habe ich aufgehört zu weinen, weil ich wußte: Meine Mutter kommt fröhlich und strahlend zurück.

Warum? Das habe ich erst später erfahren, und zwar von Emilie Schäfer aus Ludwigsburg, einer ehemaligen Seminarteilnehmerin und späteren Lehrerin. Die hat mir erzählt: „Wir waren so glücklich, wenn Ihre Mutter damals mit uns im Unterricht saß. Denn wenn wir etwas nicht verstanden haben, dann haben wir nach hinten geguckt, zur letzten Bank. Da saß Ihre Mutter mit einem Korb voller Bubenstrümpfe, die sie stopfte. Und dann hat sie mit heller Stimme gerufen: ‚Hermann, erklär das doch bitte noch mal, i glaub, die Mädla haben das net verstanden.'" Wenn die Oster- oder die Weihnachtszeit kam, haben die Mädchen unter der Bank ihre Handarbeiten gemacht und ein bißchen Angst gehabt, Mutter könnte sie verraten. Aber sie hat gleich in der ersten Pause gesagt: „Ihr brauchet keine Angst zu haben, ich hab ja g'merkt, daß ihr nebenher aufpasset."

Beide Wesenszüge meiner Mutter, die Lernbereitschaft und die Lust zu fragen, haben später auch meine politische Arbeit beeinflußt – ganz praktisch und hilfreich.

Bitte, fragen Sie weiter!
Dafür nur zwei Beispiele. Ich war kaum Ministerin in Stuttgart, da hat mich die Vorsitzende des Deutschen Frauenrings, Frau Dr. Sonja Schmid-Burgk, gebeten, sie bei einem Projekt mit Landesmitteln finanziell zu unterstützen. Es hieß „Neuer Start ab 35" und sollte mit EU-Zuschüssen helfen, Frauen nach der Kinder- und Erziehungsphase durch Fortbildung wieder fit für ihren Beruf oder für ein Ehrenamt zu machen. Da habe ich an meine liebe Mutter gedacht und gesagt: „Keine Sorge, ich werde meine Kollegen Minister schon davon überzeugen, daß sie solchen Frauen eine Starthilfe geben müssen." Das Schöne daran: es hat funktioniert, die Familienbildungsstätten der Wohlfahrtsverbände haben das mit großem Erfolg übernommen. Und meine Nachfolgerin als Ministerin, Barbara Schäfer, hat das Projekt zugunsten älterer Frauen ausgebaut.

Ein paar Jahre vorher, 1964, war ich in den Deutschen Bundestag nachgerückt. Plötzlich saß ich in dessen Ausschuß für Ernährung und Landwirtschaft, aber ich hatte, ehrlich gesagt, keine Ahnung von der deutschen und der europäischen Landwirtschaftspolitik. Der Ausschußvorsitzende war der Ravensburger CDU-Abgeordnete und Vizepräsident des Deutschen Bauernverbandes, Bernhard Bauknecht. Den konnte ich alles fragen, und so habe ich halt immer wieder den Finger gestreckt und gesagt. „Sind Sie bitte so lieb, Herr Bauknecht, und erklären Sie mir das." Nach einem Vierteljahr sagte ich zu meinen männlichen Kollegen aus der eigenen und den anderen Fraktionen: „Jetzt kann ich wohl nimmer fragen, so langsam müßte ich es ja wissen." Da lachten diese Burschen spitzbübisch und sagten: „Frau Griesinger, bitte fragen Sie weiter. Wir wissen ja auch so viele Dinge nicht – und merken Sie nicht, wie gerne der Herr Bauknecht Sie g'scheiter macht? Helingen, so ganz nebenbei, werden wir dann auch gescheiter."

Dem Vater Mut gemacht
Als mein fünfter Bruder 1921 geboren wurde, da machten die Markgröninger Seminaristinnen ein Gedicht mit dem Refrain: „. . .das Sechste muß ein Mädchen sein!" Immer, wenn ich Emilie

Schäfer, die einstige Lehrerin, getroffen habe, habe ich ihr gedankt: „Sie und Ihre Kameradinnen haben dazu beigetragen, daß mein Vater den Mut nicht verloren hat, noch ein Mädchen zu zeugen. Und ich wäre ja so traurig, wenn ich nicht auf der Welt sein dürfte!"

Geboren bin ich an einem Ostermontag. Drunten, am Markgröninger Spitalplatz, waren Karussell und Schiffschaukel aufgebaut. Zwei meiner Brüder waren dort, und unser Mädchen ist, als es soweit war, hingesprungen und hat ihnen gesagt: „Buaba, kommet gleich heim, ihr habt a Schwesterle kriegt." Da hat der älteste Bruder, der Helmut, fünf Pfennig aus seinem Hosensack geholt, ist auf das nächste Karussellpferdle gestiegen und hat gesagt: „Und? Was isch no?" Mein zweitältester Bruder Gerhard ist mit seinen kurzen Füßle heimgesprungen, um mich zu besichtigen. Der hat mir später auch meine Puppenstube gebastelt, der hat mich immer getröstet, wenn ich Angst vor Blitz und Donner hatte. So unterschiedlich reagieren Menschen, Männer, Brüder.

Ähren und Bücher lesen

Meine Kindheit? Das war eine reiche Zeit, obwohl wir sehr sparen mußten. Vater hat wenig

Ami mit Schleife im Kreis der Eltern (hinten, zweiter und dritte von rechts), Brüder und Verwandten

verdient, und als er das Haus in der Markgröninger Gartenstraße, in dem mein Mann und ich noch heute leben, erworben hat, mußte er sich bis über den Kopf verschulden. Ich durfte die Wäsche und Strümpfe meiner Brüder auftragen. Aber es gab kleine Nebeneinnahmen. In unserem Garten hat mein Vater eine Linde gepflanzt, und jedes Jahr haben wir Kinder mitgeholfen, Lindenblüten zu pflücken. Die hat mein Vater dem Apotheker von Markgröningen gebracht, der hat sie auf seinem großen Bühnenboden getrocknet und verkauft. Und wenn die Bauern das Getreide geerntet hatten – wir wohnten ja damals am Rand der Stadt, mitten in Feldern und Obstwiesen – hat uns Vater mit hinausgenommen, zum Ährenlesen. Da war ich ganz flink, wenn es darum ging, die übrig gebliebenen Ähren in einen Korb zu sammeln.

Kultur gab es auch. Jede Woche haben die Lehrerkollegen meines Vaters abwechslungsweise in ihren Häusern Leseabende veranstaltet und sich dabei Klassiker oder moderne Autoren vorgenommen. Die Männer haben vorgelesen, die Frauen Handarbeiten gemacht, und dazu gab es Brezeln – damals war Schmalhans Küchenmeister. Meine Mutter hat mir erlaubt, ein bißle die Tür offen zu lassen und zuzuhören. Das waren meine ersten kulturellen Eindrücke, die mir unvergeßlich bleiben.

Das gilt genauso für meine ersten Besuche auf dem Markgröninger Schäferlauf, bei denen ich als Kind im Festzug schön herausgeputzt mitlaufen durfte: in schwarzsamtenem Leible und rotem Röckle mit Goldborten, in weißer Schürze und weißen Strümpfen. Natürlich habe ich auch versucht, beim Eierlaufen erfolgreich zu sein und ein rohes Ei im Rührlöffel schnell über das Stoppelfeld zu tragen. Aber ich bin prompt hingehagelt – so war kein Sieg zu erringen. Doch der Schäferlauf ist für mich immer noch ein Höhepunkt im Jahr, bis heute.

„Ami, hol den Ball!"
Meine Brüder haben auf der Straße vor unserem Haus, auf der damals Kuhfuhrwerke unterwegs waren, oft Fußball gespielt, zusammen mit ihren Freunden. Die Tore bestanden aus Kreidestrichen, und der Ball flog häufig weit hinter, über oder neben das Tor, hinüber bis zum Metzgermeister Trautwein am einen oder zum Bäckermeister Kessler am anderen Straßenende. Ich durfte dabeistehen und zugucken, aber als Mädchen natürlich nicht mitkicken. Das gab es nicht. Aber ich durfte immerhin den Ball holen. Ich höre heute noch den Ruf: „Ami, lauf und hol den Ball!"

Dann bin ich gerannt und habe den Ball geholt. Ich habe, das spüre ich bis heute, die dreckige Kugel an mich hingedrückt. Die einen riefen: „Wir kriegen ihn!" die anderen riefen „Wir kriegen ihn!" Und ich habe gesagt: „Wer freundlicher ruft, kriegt ihn." So habe ich die Kerle in den Griff bekommen. Man glaubt es nicht – auch diese Kindheitserfahrung hat mir sehr geholfen, als ich 1964 in den Bundestag kam; der war ja damals noch eine ausgesprochene Männergesellschaft.

Man darf ja nicht meinen, die Männer in den Fraktionen seien besonders begeistert gewesen, als da plötzlich Frauen auftauchten. Immerhin durften wir zuarbeiten. Ich erinnere mich, wie ich einmal einen Antrag stellte. Ich habe mich gehütet, den Antrag allein mit meinem Namen zu unterzeichnen. Ich habe zu den Männern gesagt: „Unterschreibt bitte mit, damit es unser gemeinsamer Antrag ist." Das ist für Männer ja ganz wichtig: Sie müssen einen Erfolg mit ihrem Namen verbinden dürfen. Und plötzlich haben die alle ganz freundlich und fröhlich mitgemacht.

Das haben mir meine fünf Brüder beigebracht. Die haben mich nicht verwöhnt, nie in Watte gepackt. Manchmal mußte ich mich wehren, mußte kratzen und stauchen. Aber ich war immer froh, wenn ich mitgehen durfte zum Paddelbootfahren auf der Enz, zum Bauen von Mooshütten im Rotenacker Wald. Es war meine größte Freude, wenn die mich als Kumpel ernstgenommen haben. Und nicht nur als Mädchen behandelt, das vieles nicht kann. Was ich noch gelernt habe: daß man, Buben wie Männern gegenüber als Frau ja nie beleidigt sein darf. Es ist besser, man lernt früh, auch einmal auszuteilen und zurückzugeben. Diese Erkenntnis hat mir in der Politik weitergeholfen.

Ein Beispiel aus Bundestagszeiten: Mein Kollege, der Nürtinger CDU-Abgeordnete Anton „Toni" Stark, hat mir einmal zu einem Erfolg in Bonn gratuliert. Er sagte: „Ami, mit deinem Charme schaffst du das eben." Da habe ich zu ihm gesagt: „Toni, du hast auch Charme!" Prompt hat er rote Ohren gekriegt: „Wie, ich hab Charme?" „Klar, du hast viel Charme. Aber erlaube mir bitte, daß ich auch ein Stück von dem Verstand für mich beanspruche, den ihr Männer angeblich gepachtet habt. Denn Herz und Verstand gehören halt zusammen." Da hat er von Herzen gelacht, und wir sind gute Freunde geworden.

Als Schülerin Mittelmaß
Ja, meine fünf Brüder waren für mich eine gute Schule. Apropos Schule: eine brillante Schülerin war ich nicht. Eher Mittelmaß. 1930 bin ich in die Übungsschule des Markgröninger Lehrerinnenseminars gekommen – dort konnten die jungen

Seminaristinnen ihre ersten Erfahrungen als künftige Lehrerinnen machen. Von da aus ging es in die Mädchenrealschule nach Ludwigsburg, die damals noch Mathildenstift hieß. Wenn unten die Tür ins Schloß fiel, hat oben im dritten Stock der Flügel gewackelt. Mein Musiklehrer war Wilhelm Krämer, ein kleiner, untersetzter Mann und ein bekannter Musikhistoriker, der zu dieser Zeit die Ludwigsburger Schloßkonzerte gegründet hat. Sie waren der bescheidene Vorläufer der bis heute so erfolgreichen Ludwigsburger Schloßfestspiele.

Wilhelm Krämer war ein Choleriker, aber er hat uns gelehrt, wie man sich im Griff behält. Wir haben im Chor oft falsch gesungen, dann hat er sich furchtbar geärgert. Wenn wir dann auch noch gekichert haben, ist er von seinem Flügel aufgestanden und hat den Deckel zugeschlagen, daß drunten im Erdgeschoß die Haustür wackelte. Dann hat er das Klassenzimmer stumm verlassen. Nach drei, vier Minuten kam er ganz normal und völlig abgeregt wieder herein. Er ist nie laut geworden, hat uns nie beschimpft. Diese Selbstdisziplin hat uns Mädchen ungemein imponiert. Er war ein großartiger Mann.

In dieser Zeit bin ich täglich mit dem Dampfzug von Markgröningen nach Ludwigsburg gefahren, zusammen mit meinen Brüdern, die ins Schiller-Gymnasium gingen. Morgens haben wir den Haferflockenbrei warm gemacht, den meine Mutter abends hingestellt hatte, ihn schnell gelöffelt – dann sind wir losgerast, zum Bahnhof. Meist waren wir die letzten, und ich, wie üblich, die allerletzte. Es hieß: „Wenn die Roemerle da sind, kann der Zug abfahren." Einmal hat es mir nicht mehr in den Wagen gereicht, sondern nur noch an das Zugende. So bin ich auf dem Puffer bis zur nächsten Station nach Möglingen geritten. Saukalt war's, aber es ging gut, Gott sei Dank.

„Nicht folgsam"
Weil ich in dieser Schule viel Blödsinn gemacht habe, weil ich als „frech" und „nicht folgsam" galt, hat mich mein besorgter Vater zurückgeholt in die sogenannte Aufbauschule, die in Markgröningen anstelle des Seminars gegründet worden war – mit Internat und Abiturabschluß. „Annemarie", hat mein Vater damals gesagt, „ich hab dich hier angemeldet, damit du mal was lernst." Ich war die einzige Externe. Doch bald gab es wieder Ärger. Die Mädchen sollten, damit sie Markgröningen kennenlernten, durch den Ort pilgern und einen Stadtplan zeichnen. Ich hab

gesagt: „Seid doch nicht blöd, ich bring euch einen Stadtplan von zu Hause mit. Den könnt ihr abpausen, ihr müßt bloß die neuen Straßennamen richtig schreiben." Denn aus der Helenenstraße war im Dritten Reich die Hindenburgstraße geworden und aus der Ostergasse die Adolf-Hitler-Straße.

Alle haben es perfekt geschafft, nur die Lieblingsschülerin unserer Lehrerin hat das alte „Seminar" statt der neuen „Aufbauschule" reingeschrieben. Also fragte mich die Lehrerin: „Hast du vielleicht deinen Kameradinnen einen Stadtplan gegeben?" „Ja." „Und warum?" „Damit sie nicht so viel herumlaufen müssen." „Ja, aber sie sollten doch dadurch deine schöne Heimatstadt kennenlernen." Die Lehrerin war sauer und hat das prompt meinem Vater gesteckt. Der war sehr traurig: „Annemarie", sagte er, „geht das jetzt schon wieder los wie in Ludwigsburg?" Ich hatte halt viele andere Dinge im Kopf, das Reiten, das Theater, die Musik.

Musik? Mein Klavierlehrer an der Aufbauschule ist ein gewisser Eugen Rilling gewesen. Ja, der Vater des Dirigenten und Leiters der Internationalen Bachakademie, Helmuth Rilling. Er hat uns die musikalischen Grundlagen vermittelt, und als er als Soldat in den Krieg ziehen mußte, hat uns seine Frau stellvertretend für ihn unterrichtet. Nach seiner Rückkehr aus dem Feld haben wir in Markgröningen unter seiner Leitung einen kleinen Chor gegründet und wunderschöne Madrigale gesungen, bis er dann nach Stuttgart versetzt wurde.

Seit dieser Zeit kenne ich auch Helmuth Rilling. Eines Tages, ich war längst als Abgeordnete in Bonn, fragte er mich: „Annemarie, wir haben doch die tolle Gächinger Kantorei, könnte das Auswärtige Amt nicht einmal eine Auslandstournee arrangieren?" Dazu muß man wissen, daß die Kulturabteilung des Auswärtigen Amtes bis dahin vor allem den Münchner Dirigenten Karl Richter und sein Orchester für solche musikalischen Botschafterzwecke eingesetzt hatte. Also sind Helmuth Rilling und ich ins Auswärtige Amt gepilgert, er hat seine Aufnahmen dabeigehabt; und wir haben mit dem zuständigen Referenten alles durchgesprochen. Dem imponierte die Musik sehr – und bald darauf kam es zur ersten USA-Reise der Gächinger Kantorei. Vor dem Abflug hat Rilling ein Konzert in der Bonner Beethovenhalle gegeben – mit einem riesigen Echo. Das war sein Einstieg, danach folgten viele Auslandsgastspiele.

Rotes Kreuz statt Schauspiel

Zurück an die Markgröninger Aufbauschule. Dort habe ich im Jahr 1942 das Abitur geschafft. Vorher hatte ich allerdings schon die Aufnahmeprüfung für die Stuttgarter Schauspielschule absolviert. Alles lief gut, ich wurde angenommen, mein Traum von der Schauspiel-Karriere hätte gleich nach der Schulzeit beginnen können. Schließlich hatte ich immer leicht auswendig gelernt und bei Schulaufführungen die Hauptrollen gespielt, zum Beispiel in Kleists „Käthchen von Heilbronn". Da hatte ich Freude dran, und mit Eltern und Lehrern besuchte ich, sooft es ging, das Theater in Stuttgart. Aber nun war Krieg, und es kam der Arbeitsdienst. Und anschließend ein halbes Jahr Kriegshilfsdienst in einer Flachszwirnerei. Dann sind zwei meiner Brüder, Heinz und Oskar, als Wehrmachtsoffiziere in Rußland gefallen. Mein jüngster Bruder Georg lag eines Tages schwerverwundet in Krakau. Dort habe ich ihn mit meiner Mutter zusammen besucht und zehn Tage lang gepflegt.

Statt Schauspielerin zu werden, habe ich damals für mich beschlossen: „So lange der Krieg dauert, werde ich auch Soldat sein." Ich habe

Die Rotkreuz-Helferin Annemarie Roemer (im Bild vorn Mitte) im Jahr 1944 in Nagold inmitten von Kolleginnen und verwundeten Wehrmachtsangehörigen

mich gemeldet und die Ausbildung zur Rotkreuz-Helferin gemacht – im Robert-Bosch-Krankenhaus in Stuttgart. Eine bekannte Schauspielerin, Emmy Remolt-Jessen, hat mir recht gegeben: „Fräulein Roemer", hat sie gesagt, „schön, daß Sie sich für andere Menschen einsetzen wollen. Aber dann werden Sie lieber nicht Schauspielerin. Da wird man nur gut, wenn man keine anderen Dinge im Kopf hat. Und das ist ein schwerer Weg." Bis heute bin ich ihr dankbar für diesen Rat.

Immer wieder Donnerwetter
Im Robert-Bosch-Krankenhaus habe ich wieder etwas für mein Leben gelernt. Ich war als Schwesternhelferin in der Männerstation eingesetzt, und meine Stationsschwester hieß Elsbeth Gärtner; sie war eine Herrenberger Diakonisse. Nach ein paar Wochen hat sie mich beiseite genommen und gesagt: „Schwester Annemarie, es ist so schön, daß Sie bei uns sind. Sie sind so fröhlich, haben immer ein Lied auf den Lippen, das freut mich. Aber was mich gar nicht freut, ist, daß Sie immer wieder ‚Donnerwetter!' sagen. Das sollten Sie nicht tun. Wir sind hier in einem christlichen Haus. Aber weil Sie mit Ihrem Temperament

einen Kraftausdruck brauchen, würde ich Ihnen raten: Saget Sie halt Stuagert-Blechle oder Heidenei." Ich habe mich für das Kürzere entschieden.

Das hat mich geprägt bis hin nach Bonn. Als ich 1972 von den Bundestagsabgeordneten verabschiedet wurde, sagten vor allem die norddeutschen Kollegen: „Wie schade, Frau Griesinger, daß Sie jetzt gehen. Wir haben immer so gern Ihr Wörtchen ‚Heidenei' gehört. Sie waren für uns alle die Frau Heidenei."

Viele Jahre später habe ich Elsbeth Gärtner wieder getroffen. Sie lag im Pflegeheim der Diakonissen in Herrenberg, und ich habe ihr Blumen gebracht und ihr gedankt: „Schwester Elsbeth, Sie haben mir damals eine wunderbare Hilfe gegeben. Sie haben mich, ehe Sie mich getadelt haben, gelobt. Und zweitens haben Sie mich nicht im Regen der Kritik stehen lassen, sondern mir eine Chance gegeben, einen günstigeren Kraftausdruck zu finden. Wäre das nicht gewesen, hätten mich die Parlamentarier nicht als Frau Heidenei verabschiedet, sondern als Frau Donnerwetter." Das hat die alte Dame von Herzen gefreut. Ihr Rat war mir auch für meine Ministerzeit eine große Hilfe, besonders für den Umgang mit meinen Mitarbeitern.

Gebiß und Brille

Als Rotkreuz-Schwester bin ich nach Nagold und nach Freudenstadt gekommen, nach Liebenzell, nach Konstanz, von dort in eine Kaserne in Wollmatingen. Dann nahten die Franzosen, vor allem die Marokkaner, von denen es hieß, sie seien besonders wild auf Frauen. Ich leitete eine Station, in der auch Offiziere lagen, und die haben manchmal abends noch ein Gläschen Wein bekommen. Aber der Alkohol wurde nun zum Risiko. Ich habe zu meinen Kolleginnen gesagt: „Jetzt ist Schluß. Heute Abend gibt es noch einmal Wein, dann schütt' ich den Rest ins Klo." Ein Offizier protestierte dagegen, aber ich habe ihm gesagt: „Sie müssen verstehen, daß wir uns auch Sorgen um unsere Sicherheit machen." So haben wir, fast lachend, den schönen Rebensaft entsorgt.

Nachdem die Franzosen einmarschiert waren, wurden unsere Patienten verlegt. Eine Riesenschlange von Sanitätsautos holte sie ab. Wir hatten alle Hände voll zu tun, die restlichen Pistolen der Männer im Boden zu vergraben, ganz tief. Vielleicht liegt das Zeug heute noch dort. Aber da waren noch zwei alte Volkssturmmänner. Beide waren in Not. Der eine sagte: „Mein Gebiß liegt zur Reparatur bei einem Konstanzer Zahntechniker." Und der andere klagte: „Meine Brille liegt beim Optiker." Jetzt hatten die Männer Angst, daß sie, halb blind der eine, zahnlos der andere, abtransportiert würden.

Also habe ich mich auf mein Fahrrad geschwungen, bin – Franzosen hin, Marokkaner her – schleunigst in die Stadt gefahren und habe die Sachen geholt, das Gebiß des einen, die Brille des anderen. Dann bin ich von Sanka zu Sanka gesprungen, habe die Namen gerufen und die beiden glücklicherweise gefunden. Als ich erfahren habe, daß die nach Frankreich in Gefangenschaft abtransportiert wurden, habe ich doppelt dankbar daran gedacht, daß die Männer nun immerhin nicht ganz hilflos waren. Ich selbst wurde zur Arbeit in die Konstanzer Chérisy-Kaserne beordert, in die Tbc-Station. Das blieb leider nicht ohne Folgen.

Immerhin, ausgestattet mit einem Entlassungsschein konnte ich später auf einem Kohlenzug nach Ludwigsburg fahren, und von dort bin ich über Asperg zu Fuß nach Hause gelaufen. Der Ludwigsburger Bahnhofsvorstand sagte noch: „Nach Markgröningen wollen Sie? Passet Se nur auf als jongs Mädle, da sind die Marokkaner."

Aber es ist nichts passiert. Unser Haus stand noch, meine Eltern lebten, und die Zukunft stand offen. Glaubte ich wenigstens.

Buchelessammeln und die Folgen
Jetzt wollte ich Lehrerin werden. Im alten Markgröninger Seminar war eine Lehrerbildungsstätte eingerichtet worden, und ich habe mich angemeldet. Dort konnte man sich innerhalb eines Jahres zur Lehrerin ausbilden lassen. Aber irgendwie wollte es das Schicksal anders. 1946 war ein großartiges Buchelesjahr, reich an ölhaltigen Bucheckern. Wir waren dauernd auf Nahrungssuche, streiften durch die Wälder um Markgröningen, haben die Buchele rucksackweise gesammelt. Und dabei habe ich mich schrecklich erkältet. Die Folge war eine Lungenentzündung, die nicht wich – und schließlich die Diagnose Hylusdrüsen-Tuberkulose. Das war wohl auch ein Erbstück aus dem Konstanzer Lazarett. Jedenfalls war meine Lehrerinnenkarriere zu Ende, ehe sie begonnen hatte.

Zum Glück hatte mein Vater eine Nichte, die mit ihrem Mann in der Schweiz lebte. Die hatte angeboten, mich aufzunehmen. Weil ich Gott sei Dank nicht krank genug war, um nicht weg zu dürfen, andererseits gesund genug, um in die Schweiz reisen zu können, fuhr ich hin. Aber ich wollte der Verwandtschaft nicht auf der Tasche liegen, und ein Kurarzt meinte, Arosa sei gesund für mich. Ein paar Wochen arbeitete ich in einem Kinderheim, bis das zumachte. Dann ging ich von Gaststätte zu Gaststätte: „Bruuchet Se vielleicht a Büffetmaidli?" „Nein, merci, mir sind b'setzt." Im letzten Haus, einer Pension, stand die Wirtin draußen und sagte: „A Büffetmaidli? Bruuch i nöd. I bruuch a Büffetmaidli, a Zimmermaidli, a Kuchemaidli in einem. Wenn Se dös sii wönd, chönned se cho." Ich hab gesagt, das mach ich gerne. Da mußte ich schaffen, da gab's kein Pardon. Und ich habe unwahrscheinlich viel gelernt.

Wein bis zum Strich
Zum Beispiel durfte ich den Gästen „Wii", also Wein anbieten. Es gab nur zwei Sorten: Kalterer See und Veltliner. Die mußte ich im Keller aus den Fässern in Fläschchen mit einem Strich abfüllen. Heidenei, hab ich aufgepaßt, daß der Wein nicht über das Strichle ging oder darunter blieb! Eines Tages sagte die Wirtin: „Fraile Römer, Sia bruuchet immer so lang im Käller. Machet Sie's

wie's Mariele früher?" Die habe immer gesagt, daß der Wein, wenn sie ihn abfülle, entweder über dem Strich bleibe, „oderr wenn i's uussupf, unterem Strichli." Und so weiter und so fort. Da hab ich gesagt: „Sie haben Glück mit Ihrem deutschen Maidli. Wenn ich das Bedienen anfange, male ich meine Lippen ein wenig an, damit ich ordentlich aussehe. Würde ich supfen, würd' man es sehen. Ich brauch so lange, damit ich das Strichle genau treffe."

Auch Schuhe putzen habe ich gelernt, sogar das anständige Einschmieren der Stege, damit sie nicht spröde werden. Ich hab das so perfekt gemacht, daß der Wirt mir sagte, als er seine Militärkleidung zur Inspektion bringen mußte: „Fraile Roemer, i ha von de Gäscht ghört, daß Se so guet Schuh putza chönned. Sind Se bitte so fründlich und duen Se meine Militärstiefel a paar Mal iiwixa, damit mr d'Schnitt nimmer sieht, sonscht mueß i zahla." Denn er pflegte seine Militärschuhe immer zum Mähen der Bergwiesen anzuziehen, und die Sense hinterließ Schnitte. Die Putzerei hat wunderbar geklappt. Am Abend kam er zurück und hat mir, wie ich so im Bedienungsschürzle dastand, einen Fünf-Liber, also ein silbernes Fünf-Franken-Stück, in die Tasche gesteckt: „Fräile Roemer, dös chönned Sia b'halta, dös müsset Sia nöd ins Urseli-Chässli due." Das Urseli-Kässle war für das Trinkgeld, das der kleinen Tochter zugute kam. Sie führt bis heute die Pension Gspan vorbildlich.

So habe ich mich gesundheitlich erholt, Geld verdient – und konnte meiner Familie daheim Nahrungspakete schicken. Es war eine schöne Zeit. Später habe ich in der Nähe von Dornach ein halbes Jahr lang in einer Camembert-Käserei gearbeitet, die einer Tante von mir gehörte. Auch da habe ich meine Erfahrungen gemacht. Die eine Käseladung ging nämlich an die Migros-Läden, die war billiger, mit der Zeichnung einer Kuh auf einer einfachen Spanschachtel. Für die Fachgeschäfte aber gab es eine wunderbare Schachtel mit einem großen Wappen drauf, in Rot und Gold, ganz prächtig. Allerdings für 20 Rappen mehr. Bloß der Inhalt, also der Camembert-Käse, war derselbe.

Nebenher habe ich mir die Möglichkeit erarbeitet, an der Universität in Basel Gasthörerin zu sein. Da hörte ich zwei Professoren: den großen Theologen Karl Barth und den deutschen Philosophen Karl Jaspers. Das waren so unterschiedliche Persönlichkeiten, die direkt hintereinander gelesen haben. Barth stand am Stehpult, hatte immer seine Pfeife im Mund und sprach über die Sünde: daß das die „Unorrrdnung" sei – wobei er das r rollte –, und daß man in seinem Leben „Orrrdnung" halten müsse, nicht der „Unorrrdnung" anheim fallen dürfe. Dann referierte Jaspers, saß hinter seinem Tisch, sprach ohne Papier oder Manuskript, und zwar als Philosoph über die „Subjekt-Objekt-Spaltung" . Es war großartig, auf welch unterschiedliche Weise die Männer über dieselben Inhalte sprachen. Es erinnerte mich, mit Verlaub, an die Käseschachteln. Nur die äußeren Umstände waren anders.

Fürsorge und Beratung

Jetzt wird sich mancher Leser fragen: Schülerin, Rotkreuzschwester, Büffetmaidli, Käseherstellerin – aber wie wird daraus eine Politikerin? Eine Bundestagsabgeordnete? Eine Ministerin? Ganz einfach: durch meine Ausbildung. Und durch meinen Mann. Und durch glückliche Zufälle. Aber eins nach dem anderen.

In Stuttgart gab es eine Soziale Frauenschule des Schwäbischen Frauenvereins in der Silberburgstraße. Dort konnte man sich, wenn man, wie ich, Abitur und Haushaltungsschule hinter sich hatte, in zwei Jahren ausbilden lassen: zur Fürsorgerin für Gesundheit, für Jugend und Wirtschaft. Diese Ausbildung habe ich Anfang der fünfziger Jahre mit Freude absolviert – teils zwischen Markgröningen und Stuttgart pendelnd, teils bei einer Tante in deren gerade wieder repariertem Trümmerhaus in Stuttgart wohnend. Nach dem Examen 1952 wurde ich Berufsberaterin für Mädchen – beim Arbeitsamt in Ludwigsburg und als selbständige Beraterin in Schwäbisch Hall. Da war ich viel mit meinem VW-Käfer unterwegs und habe Lehrstellen für Mädchen gesucht. Man meint heute, das müsse damals, in den beginnenden Wirtschaftswunderzeiten, einfach gewesen sein. O nein, das war sehr schwierig, keinesfalls leichter als heute. Da gab es immer wieder die Sorge: Wie und wo kriege ich meine Mädchen unter? Und zwar nicht nur als Bäckerlehrling oder Verkäuferin im Metzgerladen. Das war eine anstrengende, aber interessante Zeit für mich.

Damals habe ich auch meinen Mann kennengelernt – während meiner Zeit beim Arbeitsamt Ludwigsburg. Damals hat Heinz Griesinger seine erste Ausbildung als Sozialarbeiter auf der Karlshöhe gemacht. Er wohnte bei seinem Onkel Otto Bissinger in Markgröningen. Bissinger war ein Freund meiner Brüder gewesen und hatte sich, als die Äcker und Wiesen rund um mein Elterhaus in Bauland umgewandelt wurden, dort ein Haus gebaut. Wenn Heinz abends aus Ludwigsburg kam, hat er beim Ausschachten geholfen.

Kontakt in der Bücherei

Aber zunächst hat er gar nicht mich kennengelernt, sondern meine Mutter. Die hat sich immer gefreut, wenn Otto Bissinger und Heinz Griesinger, der von der Alb stammte, abends hier vorbeikamen. Dabei hat sich ein schöner Kontakt entwickelt. Der Heinz war ein lesehungriger junger Mann – und mein Vater hatte in Markgröningen vor vielen Jahren die Ortsbücherei gegründet. Zusammen mit meiner Mutter trieb er, jahraus, jahrein, jede Woche diese Bücherei um. Sie befand sich in einem Schulzimmer, in dem es im Winter so eiskalt war, daß die beiden Mäntel, Pelzmützen und Handschuhe brauchten. Als Heinz da seine Bücher holte, hat er gemerkt, daß es diesen beiden alten Leute schwer wurde, die zurückgebrachten Bände wieder einzuordnen. Deshalb richtete er es so ein, daß er immer als letzter kam – und den beiden helfen konnte, die Bände einzusortieren. Er tat das ganz ohne Nebenabsichten, schließlich kannte er mich ja noch gar nicht. Aber meiner Mutter hat das so imponiert, daß sie den jungen Mann ins Herz geschlossen hat.

Als ich eines Tages von einer Reise heimkam, sagte sie: „Du, da gibt es einen sehr netten jungen Mann, den solltest du mal kennenlernen." So kam es, daß wir uns trafen, daß wir uns verliebten. Und bald verlobten. Denn mein Vater sagte zu Heinz: „Herr Griesinger, ich hab gar nichts gegen Sie. Aber wenn Sie weiter ins Haus kommen wollen, sollten Sie sich mit meiner Tochter verloben." Worauf mein Heinz schlagfertig erwiderte: „Dann würde ich Sie bitten, darüber auch einmal mit Ihrer Tochter zu sprechen." Denn er wußte, daß ich damals wie ein Wildpferd war, das nicht in den Stall wollte.

Mein Mann war kurz danach beim Jugendpfarrer und späteren Landesbischof Helmut Claß als Referent angestellt – zuständig für die Betreuung der evangelischen Landjugend. Dazu gehörte auch die Winterarbeit in der Evangelischen Bauernschule Hohebuch bei Waldenburg. Der Domänenpächter Hans Hege, ein sehr gebildeter Landwirt, wollte dem bäuerlichen Nachwuchs, den Mädchen wie den Burschen, eine Bildungschance geben. Heinz hatte den Auftrag, die jungen Männer zu betreuen, und als Hans Hege von dessen Verlobter hörte, wurde ich zum Gespräch eingeladen, als mögliche Referentin für die Bauerntöchter.

Wieder einmal hatte ich großes Glück. Hege erzählte, daß sich sein jüngster Sohn auch verlobt habe, mit der Tochter des Dekans von Waiblingen. Ich sagte: „Ach, heißt die vielleicht Magdalene Z.?" „Ja, woher wissen Sie das?" „Ha, des isch mei Bas'." Jetzt war alles geschwätzt, der Stallgeruch war da.

Ende der guten Tage
Das Problem unserer gemeinsamen Auftritte war, daß wir ja „nur" verlobt waren – und in der Bauernschule konnte man bloß ein Ehepaar brauchen, aber kein Verlobungspaar. Da herrschte damals Ordnung. So haben wir dann am 19. September 1953 in St.Johann-Upfingen geheiratet, der Heimatgemeinde meines Mannes. Wir haben eine klassische Dorfhochzeit gefeiert. Erst sind wir im ganzen Dorf herumgelaufen, haben Blümle verteilt, weiß, rosa und blau, haben eingeladen. In einem großen Gasthaus wurde die Hochzeit gefeiert. Der Schwager meines Vaters, der Landesgeologe Dr. Karl Regelmann, ein bärtiger Riese Goliath, hat nach dem Essen mit Stentorstimme eine Rede gehalten und gedröhnt: „Liebe Annemarie, ich freu mich, daß du jetzt verheiratet bist. Aber lieber Heinz, jetzt komm ich zu Dir: Deine guten Tage haben aufgehört."

Da wurde es totenstill im Saal. Die ganze Verwandtschaft meines Mannes hat mich entsetzt angeguckt und gedacht: „Das ist ja furchtbar! Was hat der arme Kerl wohl für einen Besen geheiratet?" Doch dann hat sich der Goliath genüßlich den Bart gestrichen und nach einer Pause gesagt: „Für dich kommen jetzt nur noch bessere Tage." Damit war der Bann gebrochen. Alles atmete auf. Ich auch. Und die Tischgespräche kamen fröhlich in Gang.

Nachts um zwölf Uhr wurden wir, wie es Sitte war, mit Kirchenliedern heimgesungen. Am anderen Tag haben wir den Gottesdienst besucht, danach kam der Bürgermeister und sagte: „Heinz, ich hab zwar früher heim müssen zu meiner kranken Lisbeth, aber ich hab das Schlafzimmerfenster offen gelassen und g'hört, wie ihr heimgesungen worden seid. Da hab ich gedacht: Das war doch a rechte Hochzeit. Die Stimmen haben klar geklungen, die Verse sind ordentlich hintereinander gekommen."

Mein frischgebackener Ehemann konnte das erklären. „Schultes, wundert Euch des? Wenn mr a Frau heiratet, die gleich sieben Pfarrer mit in die Ehe bringt?"

Als Frau in die CDU

Nach meiner Heirat schien mein Lebensweg klar vorgezeichnet. Ich wollte meinen Beruf ausüben, denn ich bekam bald eine interessante Stelle als Fürsorgerin beim Landratsamt Ludwigsburg. Und ich wollte Mutter sein, Kinder bekommen, möglichst hintereinander wie die Orgelpfeifen. Schließlich kommen mein Mann und ich aus kinderreichen Familien. Aber es kam anders; ich hatte großes Pech mit dem Kinderkriegen. Aber wer weiß: Vielleicht hätte ich andernfalls nie meinen Weg in die Politik gefunden. So hat das Schicksal die Weichen eben gestellt.

Mein Vater hat schon vor 1933 dem Christlichen Volksdienst angehört, einer Partei evangelischer Politiker um die beiden Korntaler Paul Bausch und Wilhelm Simpfendörfer; der eine war nach dem Krieg CDU-Bundestagsabgeordneter, der andere zuerst württemberg-badischer Kultminister, dann baden-württembergischer Kultusminister. Nach Kriegsende engagierte sich mein Vater dafür, daß die evangelischen Kräfte und die katholischen Zentrumsleute nicht getrennte Wege gingen, sondern sich in der CDU vereinigten. Er selbst hat 1946 in Markgröningen den

CDU-Ortsverein gegründet und stand ihm lange Zeit vor.

Auch mein Mann, Heinz Griesinger, war schon früh politisch interessiert. Als er eines Tages die Reden eines zu seiner Zeit bekannten Markgröninger Kommunisten, Walter Häcker, hörte, meinte er: „So kann es ja wohl nicht gehen". Er trat der Jungen Union bei und wurde bald Vorsitzender des Kreisverbands Ludwigsburg.

„Nicht einmal Mitglied"
Eines Tages gab es eine Tagung der Jungen Union Nordwürttemberg in Heilbronn. Mein Mann sagte: „Du, da will ich nicht das ganze Wochenende ohne dich sein, geh bitte mit." Ich ging mit – und kaum hatten die mich gesehen, sagten sie: „Frau Griesinger, wir haben morgen Wahlen für den Bezirksvorstand, da müssen Sie unbedingt kandidieren." Ich war skeptisch: „Ich habe ja noch nichts für euch geleistet, ich bin nicht einmal Mitglied." Aber das war denen egal, die haben nicht nachgelassen. Die Männer wollten einfach Frauen vorzeigen können, und so hat meine Weiblichkeit den Ausschlag gegeben. Jedenfalls, als wir am Sonntagabend heimfuhren, war ich, die bisher Namenlose, Mitglied des

Bezirksvorstand und hatte meinen Mann in punkto Parteikarriere glatt überholt.

Diese Veranstaltung hatte noch andere Folgen. Mein Mann hatte mir gesagt: „In diesen Versammlungen und Parteitagen sitzen immer so nette, gescheit aussehende Mädle – aber die machen den Mund nicht auf. Du solltest mal sehen, ob man für die nicht einen Rhetorikkurs veranstalten könnte." Als ich dann gewählt war, konnte ich aufgrund meines neuen Status ein Seminar mit Abiturientinnen und Studentinnen machen, droben auf der Teck bei Kirchheim. Ich hatte mir zwei Referenten geholt, die sich später in Bonn noch einen Namen machen sollten: Manfred Wörner, der spätere Verteidigungsminister, und Philipp Jenninger, der spätere Bundestagspräsident. Die waren damals gerade junge Berater im Landtag gewesen, und sie haben ihre Sache prima gemacht.

Das Seminar hat mich bei der Jungen Union bekannt gemacht – und plötzlich haben sich der CDU-Bezirksverband Nordwürttemberg und sein damaliger Vorsitzender, Dr. Klaus Scheufelen, für mich interessiert. Er wollte in seinem Vorstand auch gern ein weibliches Wesen haben. Also hat er mich gefragt, ob ich mich der Wahl stellen würde – und weil ich in diesem Punkt altmodisch war und bin, habe ich meinen Mann gefragt: „Heinz, was meinsch, soll ich kandidieren?" Er sagte: „Ja, das kannsch ruhig machen", und so bin ich gewählt worden. Und Klaus Scheufelen sagte danach immer, ich sei, als seine Stellvertreterin, seine drittliebste Frau – nach seiner Ehefrau und seiner Sekretärin. In der Stuttgarter Archivstraße hatten wir unsere Sitzungen, und ich erinnere mich gern daran. Denn Scheufelen besprach nie zuerst Parteithemen. Er gab immer einen Überblick über die bundespolitischen und europäischen, ja weltweiten Themen. Da habe ich so viel gelernt, daß ich zu meinem Mann sagte: „Allein wegen dem Scheufelen lohnt sich mein Engagement in der CDU."

Man sieht, mein Frausein hat mir in meiner politischen Karriere geholfen. Aber da müssen auch spezielle Politikgene in der Familie gewesen sein. Denn unter meinen Vorfahren finden sich viele gescheite und politische Köpfe. Ein kurzer Blick in meine „Ahnengalerie" beweist das.

Eine prominente Ahnengalerie
Die Brüder meines Vaters Hermann Roemer waren Theologen, Landwirtschaftsprofessoren

und Psychiater. Mein Großvater aus der Roemer-Linie war Pfarrer in Pfrondorf, und dessen Vater, Georg von Roemer, seines Zeichens Ministerialdirektor, hatte in die Familie von Gemmingen-Steinegg im Badischen eingeheiratet. Die Eltern seiner Frau, Julius und Marianne, waren 1823 zum evangelischen Glauben übergetreten und setzten sich aktiv für die Gründung einer Brüdergemeinde ein – nach dem Beispiel von Korntal oder Wilhelmsdorf. Nur hat das der badische Großherzog nicht zugelassen, im Gegensatz zum württembergischen König Wilhelm I. So gaben sie schließlich ihren badischen Besitz auf und zogen nach Stuttgart.

Die Schwester meiner Urgroßmutter, Mathilde von Gemmingen-Steinegg, hat den bekannten Pietisten und Theologieprofessor August Tholuck (1799 – 1877) in Halle an der Saale geheiratet. Er war Mitbegründer der Evangelischen Allianz und Gründer des Tholuck-Konvikts zur Förderung begabter, mittelloser Studenten, das heute noch besteht. Seine Frau hat das Diakonissenkrankenhaus in Halle gegründet, und wir haben noch engen Kontakt zu der Einrichtung.

Meine Großmutter aus der Roemer-Linie war Hamburgerin, eine geborene von Schinckel. Ihr

Bruder war Max von Schinckel (1849 – 1938), ein bedeutender Hamburger Bankier und Wirtschaftsführer. Ihre Mutter, also meine Urgroßmutter, ist in St. Petersburg aufgewachsen – als Tochter eines bekannten Tuchfabrikanten namens Blessig, der aus Straßburg nach Rußland ausgewandert war und dort die Firma Blessig und Forsch gegründet hatte.

Mehr noch: Ein entfernter Vorfahre meines Vaters war der berühmte württembergische Märzminister Friedrich Roemer (1794 – 1864). Er war, wie der Dichter Ludwig Uhland, ein führender Demokrat und Liberaler im Land und bewegte als Leiter des Märzministeriums König Wilhelm I. 1848 dazu, die Bürgerrechte anzuerkennen und das Gottesgnadentum abzulegen. 1849 gestattete er dem Rumpfparlament der Frankfurter Nationalversammlung, in Stuttgart zu tagen; doch als ein Umsturz drohte, ließ er die Versammlung von Kavalleristen mit dem flachen Säbel auflösen. Er hatte gefürchtet, die Preußen könnten andernfalls im Land einmarschieren, wie sie es in Baden getan hatten. Zum „Dank" entließ ihn der König, aber die Stuttgarter ernannten ihn zum Ehrenbürger. Zu seinen Nachfahren gehörte übrigens Friedrich Roemer, von 1967 – 1977 Regierungspräsident von Nordwürttemberg. Auf ihn werde ich noch zurückkommen.

Maler und Juristen
Auch die mütterliche Linie ist reich an Persönlichkeiten. Meine Mutter Elisabeth, geborene Schüz, ist in Oberjesingen im Gäu aufgewachsen, wo ihr Vater, Paul Schüz, Pfarrer war. Später wurde er Schulrat in Esslingen, wo er das erste Heimatbüchle über die ehemalige Freie Reichsstadt geschrieben hat. Danach leitete er das Seminar in Backnang. Sein Vater, der ebenfalls Paul Schüz hieß, war zur gleichen Zeit Dekan in Herrenberg. Diese Schüz-Familie hat in Württemberg viele Theologen hervorgebracht und den bedeutenden Maler Theodor Schüz (1830 – 1900). Sein Bild „Die Mittagsruhe in der Ernte" ist das Lieblingsbild der Schwaben und hängt in der Stuttgarter Staatsgalerie. Einer seiner Söhne, Friedrich Schüz (1874 – 1954), war auch Maler und hat der evangelischen Kirche von Haigerloch eine meisterhafte Kopie von Leonardo da Vincis „Das Abendmahl" beschert – die beste nördlich der Alpen. Das Bild wird noch heute von vielen Besuchern bestaunt.

An diesem Friedrich Schüz kann man sehen, daß sich Geiz doch nicht auszahlt. Er war Junggeselle und wollte, als er älter wurde, seine Bilder der Stadt Haigerloch vermachen. Dafür bat er um ein kostenloses Wohnrecht. Doch die Bauern dort sagten: „Noi, noi, der wird steinalt, der schwimmt ja sommers wie winters in der Eyach. Den müssen wir ewig unterhalten – und was brauchet mir die Bilder?" Da ging er nach Tübingen und hat die gleiche Bitte an die dortige Stadtverwaltung gerichtet: Nachlaß gegen Wohnrecht. Die Tübinger waren interessiert und haben einen Vertrag mit ihm geschlossen. Doch kaum war der Vertrag unterschrieben, lief Friedrich Schüz über die Straße, kam unter ein Auto und war zwei Tage später tot. Und der gesamte Nachlaß von Theodor Schüz und Friedrich Schüz kam nach Tübingen und ist noch heute dort. Im Jahr 2000 waren ihre Bilder in einer schönen Ausstellung im Tübinger Stadtmuseum zu sehen. Im alten katholischen Pfarrhaus in Haigerloch sind inzwischen viele Bilder der begabten Schüz-Familie ausgestellt.

Nicht vergessen darf ich auch den Namen Wächter. Meine Großmutter Maria Schüz war eine geborene von Wächter, und deren Großvater war der berühmte, im nahen Marbach 1797 geborene Jurist Karl Georg von Wächter. Walter Jens hat ihn als „den vielleicht mächtigsten Rechtsgelehrten seines Jahrhunderts" bezeichnet. Er war Kanzler der Universität Tübingen, zwölf Jahre lang Präsident der württembergischen Abgeordnetenkammer, und hat später, als Juraprofessor in Leipzig, die Fundamente für das Bürgerliche Gesetzbuch gelegt. Auf dem Stuttgarter Schloßplatz ist er verewigt, und zwar auf der von ihm mitinitiierten Jubiläumssäule. Da wird auf einer Gedenktafel König Wilhelm I. gehuldigt, und Wächter führt die Delegation der Landstände an.

So viel zur bunten Schar meinen Vorfahren. Doch jetzt zurück zu meiner eigenen Geschichte.

Die Bundeshauptstadt ruft

Die Bundestagswahl 1961 war gelaufen, doch mit meinem Listenplatz vier kam ich nicht gleich ins Parlament. Die meisten CDU-Kandidaten hatten ja die Direktmandate in ihren Wahlkreisen gewonnen, deshalb wurde die Landesliste nicht ausgeschöpft. Dann kam das Jahr 1964, und da war Landtagswahl in Baden-Württemberg. Ministerpräsident Kurt Georg Kiesinger holte Professor Wilhelm Hahn als Kultusminister in sein neues Kabinett nach Stuttgart. Hahn saß aber, ebenfalls über die Landesliste gewählt, als Bundestagsabgeordneter in Bonn. Jetzt mußte er sein Mandat abgeben, um sein Ministeramt antreten zu können.

Als sich diese Entwicklung anbahnte, war mein Mann in den Vereinigten Staaten. Eines Abends, ich kam von meiner Arbeit im Landratsamt nach Hause, klingelte das Telefon. Ich nahm ab, und es meldete sich jemand mit „Hier Griesinger." Ich sagte: „Heiner, was ist? Du rufst ja aus Amerika an. Meine Güte, das ist doch so teuer!" Da lachte der Mann am anderen Ende und sagte: „Nein, hier ist Griesinger von der Deutschen Presseagentur. Ich will der Erste sein, der Ihnen gratuliert." „Ja, wozu denn?" „Ich habe gerade gehört, daß Kiesinger Wilhelm Hahn zum Kultusminister ernennt, und ich habe festgestellt, daß Sie die Nachrückerin für den Bundestag sind."

Ich war total überrascht: „Um Himmels Willen, mein Mann ist gerade in Amerika, mit dem muß ich das erst einmal besprechen." Da sagte der Journalist Griesinger: „Nein, Sie haben kandidiert, und jetzt müssen Sie das Mandat auch annehmen. Sie können Ihrem Mann höchstens noch telegraphieren: ‚Deine Annemarie, Mitglied des Bundestags in spe.'" Natürlich habe ich kein Telegramm geschickt, sondern meinen Mann angerufen und gefragt: „Was soll ich bloß machen? Ich muß das ja wohl annehmen." Er sagte nur: „Wer A sagt, muß auch B sagen." Und damit war die Sache klar, für ihn und für mich.

Allerdings ging der Wechsel dann doch nicht so schnell. Wilhelm Hahn sollte sein Ministeramt am 1. Oktober antreten, also habe ich meinen Arbeitsplatz beim Landratsamt auf diesen Termin gekündigt. Da ließ mich Hahn, dieser hochkarätige Kulturpolitiker, zu sich kommen, und ich dachte schon: „Der erzählt dir jetzt, was du in Bonn alles machen mußt." Ja, Pustekuchen. Er sagte: „Frau Griesinger, haben Sie bitte Verständnis. Ich kann mein Bundestagsmandat noch ein halbes Jahr behalten. Und ich brauche das Geld, da ich in Heidelberg ein Haus gebaut habe." Das war sehr ehrlich, aber plötzlich war ich, die designierte Bundestagsabgeordnete, erst einmal ein halbes Jahr lang arbeitslos. Ich nutzte die Zeit und half beim Roten Kreuz aus.

Mein Abschied vom Landratsamt Ludwigsburg ist mir 1964 nicht leicht gefallen. Als Fürsorgerin mußte ich damals Sozialhilfeempfänger betreuen; da waren viele Hausbesuche fällig, bei sozial schwachen Familien mit Jugendlichen. 1961 hatte mir mein Vorgesetzter die Möglichkeit gegeben, die Altenarbeit im Kreis Ludwigsburg aufzubauen. Durch das neue Sozialhilfegesetz konnten wir die „Hilfen in besonderen Lebenslagen" gewähren, Seniorentreffen veranstalten, Leute aktivieren, die einsame alte Menschen besuchten. So etwas gab es bis dahin ja nicht. Da bin ich von Ort zu Ort gefahren, in alle Kreisgemeinden, habe die Ehrenamtlichen in den evangelischen und katholischen Gemeinden zusammengerufen, um eine gemeinsame Aktion zu starten. Genaugenommen war das ein Stück weit Vorarbeit für die Diakonie- und Sozialstationen, die ich später als Ministerin im Land auf den Weg bringen konnte.

Zigarren vom Kanzler
Die ersten Jahre in Bonn waren turbulent. Ludwig Erhard war seit dem Rücktritt Konrad Adenauers im Jahr 1963 Bundeskanzler. 1965 war wieder Bundestagwahl, und dieses Mal kam ich gleich über die Landesliste ins Parlament. Im Oktober 1966 verließen die FDP-Minister, angeführt von Walter Scheel, das Kabinett, und Ludwig Erhard trat zurück. Weil ich damals schon dem Fraktionsvorstand angehörte, kann ich versichern: Es ist nicht Fraktionschef Rainer Barzel gewesen, der Ludwig Erhard loswerden wollte. Der hat immer wieder versucht, die FDP bei der Stange zu halten: „Laßt uns doch weiter machen." Ich vergesse nicht, wie schließlich der damalige rheinland-pfälzische CDU-Vorsitzende Helmut Kohl uns CDU/CSU-Fraktionsmitglieder in die Bonner Vertretung seines Landes gerufen und Kurt Georg Kiesinger mitgebracht hat. Der werde der Nachfolger von Ludwig Erhard, sagte er. Kiesinger wollte es ebenfalls noch einmal mit der FDP versuchen, doch Walter Scheel verweigerte sich – und so kam es, daß Kiesinger am

1. Dezember 1966 zum Kanzler einer Großen Koalition gewählt wurde. Plötzlich waren die bisherigen Gegner von der SPD unsere Verbündeten.

Apropos Ludwig Erhard: Daß er ein großer Wirtschaftspolitiker war, brauche ich nicht zu betonen. Aber er hatte auch große menschliche Qualitäten. Er hat uns, die wir in den Fraktionsvorständen waren, immer wieder in den neuen Kanzler-Bungalow in Bonn eingeladen und über seine Ziele informiert – viel öfter als später seine Nachfolger. Ich vergesse auch nicht, wie mir Frau Erhard einmal das ganze Haus gezeigt hat: „Wir wohnen ja nicht so gerne hier in diesem kühlen Bau." Sie zeigte mir einen Raum, der auf die Terrasse hinausführte. Da standen ein altes schwarzes Ledersofa und zwei bequeme Ledersessel. Und sie sagte so nett: „Das haben wir uns einst zu unserer Hochzeit geleistet. Das wollten wir auf keinen Fall hergeben, auch wenn es nicht so in die modernen Räume paßt. Aber da hängen viele Erinnerungen dran."

Ludwig Erhard hat den Herren, die er abends um sich versammelte, immer dicke Zigarren angeboten, gute Zigarren. Hinterher hat mir ein Mitarbeiter des Präsidialamtes gesagt: „Wir, die wir die Abende organisieren müssen und im Hintergrund bleiben, kriegen von Erhard als Anerkennung immer dieselben Zigarren." Mir hat er einmal eine mitgegeben. Allerdings nicht für mich, sondern für meinen Mann.

Als Ludwig Erhard in Ulm die Ehrenbürgerschaft verliehen wurde, saß ich bei der Feier neben ihm – und neben dem Unternehmer Otto Kässbohrer. Erhard wirkte ein wenig bedrückt. Da erzählte ich ihm eine Geschichte, die ich jüngst gehört hatte. Ich war einige Male in Bad Grönenbach bei Memmingen zur Kur gewesen, und nahebei, in Illerbeuren, gab es ein bäuerliches Freilichtmuseum, gegründet vom Schreinermeister Hermann Zeller. Dieser Schreinermeister hatte mir von einer Gruppe vornehmer Ulmer Herren erzählt, die er durch das Museum führen mußte. In der Käserei habe ihn einer der Herren gefragt: „Und wie kommen die Löcher in den Käse hinein?" Darauf Zeller spontan: „Mir krieget emmer an Mechaniker von dr Firma Kässbohrer, der bohrt die Löcher nei." Da hätten alle gelacht, der älteste der Herren aber noch viel mehr. Als Zeller ihn nach dem Grund fragte, habe der gesagt: „Mein Lieberle, ich bin doch der Kässbohrer."

Ein sichtlich aufgeheiterter Ludwig Erhard wollte prompt von seinem Nebensitzer wissen, ob die Geschichte auch stimme – und Otto Kässbohrer hat sie, zum allgemeinen Gaudium, bestätigt. Ich hatte das Gefühl, daß Erhard froh war, einmal nicht über die hohe Politik sprechen zu müssen, die ihn oft enttäuscht hat.

Devise „Schnabel halten"
In der Bonner Szenerie stand ich als Novizin nicht im Vordergrund. Die Korrespondenten der Zeitungen haben sich nicht sehr für mich interessiert; Netzwerke, wie sie heute selbstverständlich sind, gab es damals nicht. Im Grunde war ich bis dahin ja keine politische Macherin gewesen. Ich hatte Freude an den Menschen, denen ich begegnet bin. Auch im CDU-Bundesvorstand, dem ich angehörte, habe ich mich nicht nach vorn gedrängt. Ich war neu in der Bundeshauptstadt, das war für mich fremdes Land. Ehrlich, ich war immer froh, wenn eine der langen Sitzungen zu Ende ging.

Zwei Männer haben mir damals sehr geholfen, in dieser neuen Welt Fuß zu fassen. Da war erstens Eugen Gerstenmaier, der Schwabe, der von 1954 bis 1969 Bundestagspräsident war. Der sah mich bei meinem Antrittsbesuch fröhlich an – wir kannten uns ja schon aus der Parteiarbeit –

und gab mir den Ratschlag, mich während des ersten halben Jahres im Parlament „still" zu verhalten: „Frau Griesinger, Sie kommen bestimmt mit vielen Plänen und Ideen hierher. Aber ich rate Ihnen: Setzen Sie sich möglichst oft ins Plenum, machen Sie die Augen und die Ohren weit auf, aber halten Sie Ihren Schnabel. Und wenn Sie mal was zu sagen haben, gehen Sie erst in Ihren Arbeitskreis, in Ihren Ausschuß, in Ihre Fraktion. Bereiten Sie sich auf Ihre Themen gut vor, dann wird man Ihnen zuhören, nicht nur in Ihrer eigenen Fraktion." Dieser Rat hat mir sehr geholfen.

Ich habe es sehr bedauert, daß der Abschied von Gerstenmaier aus dem politischen Leben für ihn so wenig erfreulich war. Er trat ja 1969 verbittert zurück, weil ihm vorgeworfen wurde, er habe persönliche Vorteile aus den Wiedergutmachungsgesetzen gezogen. Dabei war er rechtmäßig finanziell dafür entschädigt worden, daß die Nazis ihm, dem in Rostock promovierten Lizenziaten und habilitierten Theologen, 1937 die Professorenlaufbahn verweigert hatten. Und weil er die Venia legendis, die Lehrbefugnis, nicht besaß, konnte er selbst als anerkannter Mann des Widerstandes gegen Hitler auch nach dem Krieg an der Universität Bonn keine Vorlesungen halten. Darum war es ihm eigentlich gegangen, nicht um die knapp 300 000 Mark. Ich höre noch, wie er damals in der Fraktion resignierend sagte: „Was ich wollte, nämlich die Lehrberechtigung, habe ich nicht erhalten. Aber was ich nicht wollte, nämlich die Entschädigung, habe ich erhalten." Und er fügte hinzu: „Wenn das Volk meinen Kopf haben will, den kann es haben. Meine Ehre nicht." Das war ein trauriger Vorgang, von dem sich Gerstenmaier bis zu seinem Tod 1986 nie wieder erholt hat.

Goldschmied als Mentor
Mein eigentlicher Mentor in Bonn aber war Gottfried Leonhardt, Goldschmiedemeister aus Pforzheim und schon lange Jahre Abgeordneter im Bundestag. Eigentlich war er ein klassischer Hinterbänkler. Ich weiß nicht, ob der je eine Rede im Bundestag gehalten hat. Aber seine Basisarbeit als Abgeordneter hat er großartig gemacht. Er sagte immer: „Wir haben einen schwarz-weiß-roten Wahlkreis in Pforzheim. Schwarz, das bin ich als direkt gewählter Abgeordneter. Weiß? Pforzheim ist nach der schrecklichen Zerstörung im Krieg ein ‚weißer Kreis' ohne Mietpreisbindungen. Und rot? Das ist Fritz Erler von der SPD,

ein tüchtiger Außenpolitiker, der über die Landesliste im Bundestag ist. So soll's bleiben: schwarz-weiß-rot."

Dieser Gottfried Leonhardt mußte mich in die Geschäfte des Parlaments einweisen – der hat mir sehr geholfen, und das vergesse ich ihm nie.

Mit seiner Meinung zur CDU-Fraktion und den Fraktionskollegen hielt er sich diplomatisch zurück: „Dazu sag ich jetzt mal nichts. Das müssen Sie selbst herauskriegen. Aber wir gehen jetzt zu all den Leuten, ohne die Sie nicht arbeiten können – das sind die Mitarbeiter des Bundeshauses." Er schleppte mich in die Druckerei, in die Botenmeisterei, zur Poststelle und in die Telefonzentrale. In der Druckerei sagte er zum Beispiel: „Frau Griesinger, das ist der Herr Maier" – er kannte alle Namen – „er ist der Chef, und da können Sie alle Drucksachen nachbestellen, wenn Sie freundlich fragen. Herr Maier, das ist meine junge Kollegin Annemarie Griesinger." Und die Boten am Eingang zum Bundeshaus hat er immer namentlich begrüßt. In wenigen Wochen war ich neben Gottfried Leonhardt die einzige, die den Männern an der Pforte mit Namen Guten Morgen sagen konnte.

Leonhardt hat jeden dieser Menschen ernst genommen und gesagt: „Die tun jeden Tag ihre

Arbeit, ihre Pflicht, aber sie stehen nie in der Zeitung. Sie bleiben im Hintergrund, aber sie verdienen den gleichen Respekt wie die Abgeordneten." Von dieser Lehre habe ich später, in meiner Ministerzeit in Stuttgart, profitiert.

Ein Katalog voll Schmuck
Die Frage war nur: Woher kannte Leonhardt all die Namen? Der schlitzohrige Goldschmiedemeister hat jeden Sommer, wenn der weihnachtliche Goldschmuckkatalog in Pforzheim gedruckt war, allen Bundestags-Mitarbeitern ein Exemplar mit Uhren und Schmuck zur Verfügung gestellt und gesagt: „Wenn Sie wollen, können Sie bestellen – zu Fabrikpreisen. Schreiben Sie mir's, ich bestelle es dann und bringe es Ihnen." Kassiert hat er dann auch gleich. So hat er alle Namen gewußt und sich als einziger um die Leute gekümmert.

Er hat mir eine zweite wunderbare Lehre mit auf den Weg gegeben. Er sagte: „Frau Griesinger, Sie fahren freitags nach den Sitzungen in Ihren Wahlkreis und sprechen dort vor vielen Menschen über Politik. Aber: Fangen Sie damit nie direkt an, sondern fragen Sie die Leute: ‚Was ist in den Nachrichten gekommen?'" Wir hatten ja damals keine Zugtelefone, keine Handys, keine

Laptops. Und während der drei, vier Stunden Fahrt von Bonn nach Hause könnte ja in China der Krieg ausgebrochen sein, dann hätte unser Thema die Leute nicht mehr interessiert. Ein weiterer Tip: „Schwätzet Sie ja nie über d'Köpf von de Leut' weg, sondern in ihre Herzen hinein. Schreiben Sie sich ein paar Stichwörter auf, aber keine fertige Rede. Gucken Sie beim Reden nicht auf Ihr Papier, sondern in die Augen der Leute. Dann wissen Sie, ob sie aufpassen. Und packen Sie in Ihr rhetorisches Rücksäckle a paar spitzige Pfeile. Die können Sie zur Not abschießen – aber verwenden Sie sie sparsam." Außerdem riet er mir, mit den anderen Parteien nicht so arg ins Gericht zu gehen. „Wenn die Leute auf die anderen Parteien schimpfen wollen, dann sagen Sie ihnen: ‚Gehen Sie in deren Versammlungen und beschweren Sie sich dort. Was ich von Ihnen erwarte, ist eine konstruktive Kritik an meiner Arbeit!'"

Glückwünsche von Adenauer

Sport, vor allem Leichtathletik und Schwimmen, hat mich schon immer interessiert. Als Bundestagsabgeordnete war ich auch im Sportausschuß, im Deutschen Sportbund war ich in der Leitung für den Frauensport gewesen. Da gelang es mir mit meinen Kolleginnen, den damaligen Vorsitzenden des Deutschen Fußballbundes, Hermann Neuberger, zu überzeugen, daß auch Mädchen großartig Fußball spielen können. Wir haben ihn einfach zu einem Spiel der jungen Damen eingeladen. Er war danach begeistert und sagte: „Das hätte ich ja gar nicht geglaubt, daß Frauen so gut und so schön kicken können." Er hat uns dann geholfen, den damals noch recht stiefmütterlich behandelten Frauenfußball zu fördern. Ich selbst habe mich in dieser Disziplin allerdings später darauf beschränkt, bei ein paar Männerkicks den Anstoß auszuführen

In Bonn angekommen, stellte ich mit Freude fest, daß es eine Sportgemeinschaft des Deutschen Bundestags gab. Trainer dieser SG war ein Bote mit dem schönen Namen Rudolf Schulmeister. Er war früher einmal Mittelgewichts-Boxer gewesen und befreundet mit Max Schmeling. Im

Hip-Hip-Hurra – im Gleichschritt mit Fußballern

Plenum trat er immer mit weißen Handschuhen auf, in unserer Sportgemeinschaft im Trainingsanzug. Als ich ihn fragte, ob ich da mitmachen könne, war er ganz begeistert: „Frau Abjeordnete, dat wäre ja das Allerschönste, wat uns passieren könnte. Sie wären ja die erste Dame im deutschen Parlament, die dat Sportabzeichen machen würde." Das hatten kurz vorher auch Franz Josef Strauß und Erhard Eppler erworben.

So trafen wir uns jeden Donnerstagmorgen von sieben bis acht Uhr vor dem Langen Eugen, dem gerade im Bau befindlichen Abgeordneten-Hochhaus, zum Frühsport. Zusammen mit Josef Ertl von der FDP, dem späteren Landwirtschaftsminister, bin ich dann, noch halb in der Dunkelheit, im Trainingsanzug meine Runden gelaufen, tausend Meter. Die Bauarbeiter schauten uns vom Langen Eugen herunter zu, und einer rief: „Na, geht das nicht ein bißchen schneller, Ihr beiden Dicken?" Ich habe raufgefaucht: „Ihr habt gut reden, aber wir müssen laufen." Da hat mein Rudi Schulmeister auf die Stoppuhr geschaut und gerufen. „Frau Abgeordnete, nicht reden, rennen!"

Für das Sportabzeichen mußte man auch Schwimmen. Ich hatte schon 1942 beim Arbeitsdienst meinen Rettungsschein gemacht, und den legte ich vor. Es war an einem Freitag, ich war gerade beim Friseur, um mich für zu Hause hübsch machen zu lassen. Da kam Rudi Schulmeister in den Salon, hob die Trockenhaube hoch und sagte: „Frau Abjeordnete, wir müssen dat Schwimmen noch machen. Ihr Schein gilt nicht mehr." Im Stadtbad hatte er schon eine Bahn sperren lassen, und von seiner Frau hatte er zwei Badeanzüge mitgebracht: „Dann könnten wer dat Schwimmen gleich noch nachholen."

Also die Lockenwickel raus und zum Bad gefahren. Dort versuchte ich, mich in einen der Badeanzüge zu zwängen. Alles quoll überall raus, und eine Schulklasse schaute amüsiert zu. Da bin ich mit einem Startsprung ins Wasser gehupft, um ganz schnell zu verschwinden. Dann schwamm ich die Viertelstunde und bin mit klatschnassem Haar zurück zum Friseur gelaufen. So war dann auch diese Disziplin absolviert.

Kurz darauf feierte Konrad Adenauer seinen 90. Geburtstag. Gemeinsam mit meinem Mann durfte ich mich in die Gratulationscour für den alten Herrn einreihen. Da kam mein Trainer Schulmeister und sagte: „Frau Abjeordnete, ich habe dem Herrn Altbundeskanzler gratuliert und gesagt: Das schönste Jeburtstagsjeschenk, dat ich Ihnen machen kann, ist die Mitteilung, dat die erste Frau aus Ihrer Fraktion dat joldene Sportabzeichen jemacht hat." Als Adenauer sich darüber freute, habe er ihn spontan eingeladen: „Demnächst wird das Sportabzeichen von Sportminister Bruno Heck überreicht. Es wäre schön, wenn Sie dazukommen könnten."

So recht wollte ich nicht daran glauben. Ein paar Tage später kam die Übergabe im Fraktionssaal der CDU/CSU. Alle waren da, und unser aus Aalen stammender Landsmann Bruno Heck, einst selbst Boxer, überreichte die Sportabzeichen. Von Adenauer natürlich keine Spur. Zwanzig Minuten später ging die Tür auf, der greise Altbundeskanzler kam herein und sagte: „Frau Kollegin, verzeihen'se mir, dat ich zu spät komme. Aber der Rhein hat Eisjang gehabt, und ich kam nicht rüber." Er gratulierte mir zum „jroßen Erfolg", und ich habe ihm mein neues Sportabzeichen ans Revers gesteckt und gesagt: „Das ist dafür, daß Sie kürzlich stundenlang das Geburtstagsdefilee abgenommen haben. Das war auch eine große Leistung." Drauf sagte er: „Na ja, Ihre Disziplinen könnt' ich nicht mehr machen. Aber auf zwei Dinge bin ich stolz, stolzer als auf manche Rede: daß ich als Kölner Oberbürgermeister das Sportstadion schaffen konnte und den Grüngürtel um Köln. So hatten die Soldaten, die aus dem Ersten Weltkrieg heimkamen und keine Arbeit fanden, wenigstens eine jesunde Bewegung. Denn eines müssen Se sich merken, Frau Abjeordnete: Der Sport ist der beste Arzt des Volkes." Damit hat er mir mein Abzeichen freundlich zurückgegeben.

Ein Bonner Fotograf war so nett, mir die Bilder von der Feier abzuziehen. Ich klebte sie in ein Album, schrieb Zitate unseres Gesprächs darunter, ging zu Adenauers früherem Persönlichem Referenten Schnippenkötter und fragte ihn, womit ich dem alten Herrn sonst noch eine Freude machen könnte. Da lachte er und sagte: „Butterkekse. Janz einfach, Frau Griesinger, Butterkekse." „Die von Bahlsen?", fragte ich. „Nein, da gibt es in Bonn einen Konditormeister, der jeden Monat nach dem Rezept von Frau Adenauer selig Butterkekse für den Altbundeskanzler bäckt – die mag er besonders."

Kekse für den Altkanzler

Da bin ich zu dem Konditormeister gefahren, einem alten Herrn mit weißem Kittel und dicker

Brille: „Dürfte ich bei Ihnen ein halbes Kilogramm Butterkekse nach dem Rezept von Frau Adenauer für den Altbundeskanzler bekommen?" Er guckte mich an, und plötzlich liefen ihm die Tränen herunter: „Nein, dat darf doch nit wahr sein, dat darf doch nit wahr sein." „Gibt es ein Problem?" fragte ich. „Nein. Gestern haben wir die letzte Schulkameradin von Adenauer zu Grabe getragen. Die hat regelmäßig nach dem Rezept von Frau Adenauer gebackene Kekse bestellt und dem Kanzler geschenkt. Und jetzt stand ich an ihrem Grab und hab gedacht: Lieber Jott, wer wird wohl dem alten Herrn jetzt die Butterkekse schenken? Und jetzt kommen Sie!" Ich habe gesagt: „Dann packen Sie mir das ganze Kilo Kekse ein." Und er war glückselig.

Ich bin zu Adenauers Büro zurückgefahren und habe das Album und die Kekse den beiden reizenden Sekretärinnen gegeben: „Gebt das dem Altkanzler mit auf den Weg. Und am Dienstag frag ich nach, wie es gegangen ist." Am Dienstag lachten die mir schon entgegen und sagten: „Frau Griesinger, wir haben ihm die Fotos und die Kekse auf den Schreibtisch gelegt. Eine Viertelstunde später hat er uns hereingerufen und gesagt: ‚Dat war ne wunderschöne Überraschung mit den

Altkanzler Konrad Adenauer war stolz auf seine sportliche Parteifreundin aus dem Schwäbischen

Fotos.'" „Und was hat er zu den Keksen gesagt?" fragte ich. „Die packt ihr mir in meine Aktentasche, die nehm' ich mit nach Hause." „Ja, habt ihr keine Kekse abgekriegt?" „Nein, er hat alle mitgenommen." Am nächsten Tag erhielt ich von ihm einen wunderschönen Tulpenstrauß und einen lieben, persönlichen Dankesbrief.

Das ist jetzt vierzig Jahre her. Aber vor kurzem hat mich eine der beiden Damen in einer Fernsehsendung des Südwestrundfunks gesehen und sich daraufhin brieflich gemeldet. Sie schrieb:

„Sie waren unsere liebste Abgeordnete – weil Sie so freundlich zu uns waren." Und wegen der lustigen Keks-Szene, an die sie sich, ebenso wie ihre Kollegin, noch heute gern erinnere.

Hemden und Schillerwein

Meinem sportlichen Trainer Rudolf Schulmeister konnte ich später ein Dankeschön zurückgeben. Ich war, neben meinen Abgeordnetenpflichten, auch zuständig für das Wohl und Wehe der CDU-Mitglieder unter den Bundestagsmitarbeitern – und von denen gab es ja viele. Ich fragte sie eines Tages, wo sie der Schuh drücke, und komischerweise ärgerten sie sich alle über die Nylonhemden, die sie zu ihrer Dienstkleidung tragen mußten. Schulmeister sagte: „Die sind unanjenehm, weil se den Schweiß nicht aufnehmen. Könnten Se nich dafür sorgen, dat wir Baumwollhemden kriegen?" Ich erinnerte mich an den jungen, aufstrebenden Olymp-Hemdenfabrikanten Eberhard Bezner aus Bietigheim-Bissingen. Und als der Nikolausabend in der Fraktion nahte, war Eugen Gerstenmaier, der Präsident, bereit, ein paar Musterhemden an die Boten zu verteilen. Die Begeisterung war groß, und die Bundestagsverwaltung gab eine Bestellung auf.

Kürzlich habe ich Eberhard Bezner wieder einmal getroffen und gefragt: „Wie ist das denn ausgegangen?" Er grinste nur: „Seit dieser Zeit beliefere ich den Deutschen Bundestag mit Hemden – egal, wer an der Regierung ist." Das war ein wenig Wirtschaftsförderung für den Kreis Ludwigsburg, und die Boten, voran mein Herr Schulmeister, fühlten sich wohl in Haut und Hemd.

Auch zu Hause, in meinem Wahlkreis, begann man auf die neue Bundestagsabgeordnete Griesinger aufmerksam zu werden. Meine Verwandtschaft hat dazu kräftig beigetragen. Es war wieder einmal Pferdemarkt in Bietigheim. Da gab Oberbürgermeister Karl Mai das traditionelle Festessen für die Bürgermeister des Landkreises und andere Prominente – eine ziemlich reine Männergesellschaft. Als junge CDU-Abgeordnete war auch ich eingeladen. Ebenfalls anwesend war der direkt gewählte Abgeordnete des Wahlkreises, der Sozialdemokrat Dr. Karl Mommer, ein Mann, vor dem ich viel Respekt hatte. Der neuberufene Regierungspräsident von Nordwürttemberg, Friedrich Roemer, kam zum ersten Mal zum Pferdemarktsempfang. Er saß zwischen Mommer und mir, und wir hatten schon unseren Wein im Glas. Da stand Roemer, der eine Vorliebe für ein gutes

Viertele und eine gute Zigarre hatte, zu einer kleinen Begrüßungsrede auf, erhob das Glas und sagte: „Meine Herrn, ich freue mich, daß ich zum ersten Mal offiziell im Wahlkreis meines Parteifreundes Dr. Mommer sein darf. Aber ich freue mich genauso, daß ich zum ersten Mal im Heimatkreis meiner Cousine Annemarie Griesinger, geborene Roemer bin, die jetzt auch im Bundestag sitzt. Weil ich beide gleich schätze, habe ich mir weder einen roten noch einen weißen Wein eingießen lassen, sondern einen roséfarbenen Schillerwein. Zum Wohl, meine Herrn!" Dann hat er sich wieder hingesetzt, und es wurde eine wunderbare Veranstaltung.

Einsatz für die Bäuerinnen
Wider Erwarten konnte ich in Bonn bald einen großen Erfolg feiern. Dazu muß ich anmerken, daß mein Mann und ich schon lange mit der Grafenfamilie Leutrum von Ertingen befreundet waren, die auf der Nippenburg bei Schwieberdingen lebte. Marie-Luise Gräfin Leutrum war die Gründerin des Landfrauenvereins und die Bundesvorsitzende der Landfrauen gewesen, dazu Gemeinderätin in ihrem Heimatort und Kreisrätin in Ludwigsburg, Sie hatte großen Einfluß auf die

Landwirtschaftsminister in Stuttgart und Bonn, zu denen sie regelmäßig fuhr. Sie forderte damals, daß der Grüne Plan, der die Bauern mit Investitionszuschüssen unterstützte, nicht nur Verbesserungen in Feld und Flur bringen dürfe, sondern auch auf dem Hof, in den bäuerlichen Wohnungen selbst. Ihr Credo: „Es darf nicht sein, daß die Bäuerinnen ihre eigene Wohnung vernachlässigen müssen. Für Arbeiter, Angestellte und Beamte werden moderne Wohnungen gebaut. Aber die armen Bauernbuben können ihre Kameraden im Winter nicht mit heimbringen, weil nur die Küche geheizt ist, der Rest der Wohnung aber kalt bleibt." Und sie sagte: „Wir müssen sehen, daß solche Ungleichheiten abgeschafft werden – zwischen Stadt und Land, aber auch auf dem Hof zwischen Mann und Frau. Das muß der Bund über den Grünen Plan finanzieren."

Der frühere Landwirtschaftsminister Heinrich Lübke – der spätere Bundespräsident – hat die Idee des Bäuerinnenprogramms aufgenommen, sein Nachfolger Hermann Höcherl wollte es fortsetzen. Aber der damalige Bundesfinanzminister Rolf Dahlgrün von der FDP war dagegen: „Dieses Bäuerinnen-Programm müssen wir aus dem Bundeshaushalt nehmen, Wohnungsangelegenheiten sind Ländersache." Der Bundesrat blockte ab: „Das können wir uns nicht leisten." Die Sache stand auf der Kippe. Da bat mich Gräfin Leutrum, in den Landwirtschaftsausschuß des Bundestags zu gehen und das Projekt zu retten.

Im Landwirtschaftsausschuß war, wie schon gesagt, Bernhard Bauknecht Vorsitzender, der Bauernpräsident aus Oberschwaben. Als ich ihm von meiner Rettungsabsicht erzählte, sagte er: „Dazu brauchen Sie aber erstklassige Argumente." Da habe ich zu meinen Kollegen gesagt, zu dem FDP-Mann Josef Ertl, zum SPD-Vertreter Dr. Martin Schmidt (Gellersen), einem sehr gescheiten Mann aus Norddeutschland, und meinem Parteifreund Egon Susset aus Heilbronn: „Ihr müßt mir in Euren Fraktionen helfen, das Bäuerinnenprogramm im Plenum durchzukriegen." Dann habe ich mich an die Sache gemacht – gemeinsam mit Gräfin Leutrum und der hochbegabten Ministerialrätin Dr. Hilda Potthoff, die gescheiter war als viele ihrer männlichen Kollegen im Landwirtschaftsministerium. Wir haben Fakten gewälzt, Zahlen gesammelt, die infrastrukturellen Hintergründe zusammengetragen und meine Rede vorbereitet.

Am 2. März 1966 hielt ich meine Jungfernrede im Plenum. Danach hat die Bundestagsvizepräsidentin Dr. Maria Probst gesagt: „Das waren gute Argumente, das Hohe Haus kann wohl zustimmen." Und wir waren alle froh, daß Finanzminister Dahlgrün die Fakten akzeptiert und das Bäuerinnenprogramm im Grünen Plan gelassen hat. Insgesamt wurden so 450 000 Bauernhäuser mit kleinen Staatszuschüssen gefördert. Damit war die Gleichberechtigung in den landwirtschaftlichen Anwesen hergestellt. Gräfin Leutrum hat mir hinterher ein wunderbares Wort mit auf den Weg gegeben: „Frieden erhalten wir nur dort, wo wir um das Gleichgewicht der Kräfte ringen. In der Ehe, in der Familie, in den Dörfern, in den Ländern, im Bund, in den Völkern." Das war für mich ein Leitmotiv – und es ist für mich ein schöner Erfolg gewesen, daß ich dazu meinen Beitrag leisten konnte. Bis heute habe ich herzliche Kontakte zu den Landfrauen. Nicht nur im Advent, am Stand von „Weihnachtsmann & Co" auf dem Stuttgarter Schloßplatz, wo ich seit vielen Jahren helfe, das von den Bäuerinnen selbst gemachte Gsälz zu verkaufen. Sondern auch im Stuttgarter Haus der Geschichte, wohin ich oft als Zeitzeugin gebeten werde, wenn die Landfrauen zu Besuch sind.

Kiesinger, Barzel, Wehner

In Bonn habe ich viele Persönlichkeiten kennengelernt – auf die eine oder andere Weise. Zum Beispiel Kurt Georg Kiesinger, den Kanzler der Großen Koalition, den alle „König Silberzunge" nannten, weil er ein gebildeter Mann und ein hochtalentierter Redner war. In diesem Zusammenhang ist mir in Steinheim an der Murr etwas Lustiges passiert. Kiesinger war gerade Kanzler geworden. In Steinheim an der Murr aber gab es ein Fest. Der dortige Bürgermeister Alfred Ulrich hatte mich lange vorher um Unterstützung gebeten, damit die alte Schmalspurbahn von Marbach nach Steinheim auf Normalspur umgestellt werden könne – zugunsten neuer Industriebetriebe. Nach mühevoller Vorarbeit und mit meiner parlamentarischen Unterstützung gelang das Vorhaben, und nun war ich zur feierlichen Einweihung auf dem Vorplatz des Bahnhofs eingeladen. Bürgermeister Ulrich begann seine Festrede mit einem Wort des Dankes und sagte: „Sehr geehrte Frau Bundestagabgeordnete Griesinger, Ihnen haben wir diesen Erfolg zu verdanken."

So weit, so gut. Später, beim Mittagessen, sagte mir sein Onkel, der frühere Innenminister des

Landes, Fritz Ulrich: „So was hab ich noch nicht erlebt. Als mein Neffe Sie über den Schellenkönig gelobt hat, haben sich doch zwei Steinheimerinnen hinter mir gewundert: ‚Ha Luis, jetzt woiß i au nemme, was onser Schultes da schwätzt – i han emmer denkt, dr Kiesinger sei a Ma.'"

Das habe ich Kiesinger bei der nächsten Fraktionssitzung in Bonn erzählt und gesagt: „Da sieht man es wieder mal: Ich dackle mich draußen in meinem Wahlkreis ab, aber dann verwechseln die Leute den Namen Griesinger mit Kiesinger und haben nur den Kanzler im Kopf."

Er bemühte sich, mich zu trösten: „Da ist mir noch etwas Schlimmeres passiert. In einer Gemeinde fand ein Festzug statt, bei dem ich in einer Kutsche mitfuhr. Am Ende des Ortes hielt der Zug, weil die Musik nicht nachkam. Viele Leute haben mir Blumen in die Kutsche geworfen – und eine alte Frau stand da, mit einem herrlichen, bunten Strauß. Da ich nicht wollte, daß der Strauß auf die Straße fällt, habe ich meine Hand ausgestreckt, um die Blumen entgegenzunehmen. Aber da hat die Frau den Strauß rasch zurückgezogen und gesagt: ‚Noi, noi, Herr Bundeskanzler, den krieget Sie net. Der g'hört mei'm Ma, ond der liegt da drübe auf em Friedhof.'"

Zwischen Kiesinger, seiner Familie und uns ist eine richtige Freundschaft entstanden. Ich habe viele Exemplare seiner Jugenderinnerungen „Schwäbische Kindheit" verschenkt – natürlich von ihm signiert. Einmal haben wir ihn in Amerika besucht, wo er in einem Waldhaus bei seiner Tochter Viola die Ferien verbrachte. Da war ein See – und wir mußten mit ihm im eiskalten Wasser baden. Doch nachdem er reingesprungen war, konnten wir ja nicht gut draußen stehen bleiben. Nach seinem Tod 1988 besuchte ich noch öfter seine Frau Marie-Luise und deren Schwester, Frau Auer, in Tübingen.

Herr Griesinger, blasen Sie!
Einige Male sind wir mit Kiesinger durch den Stromberg gewandert, auf den Wachtkopf und zum Hamberger See bei Gündelbach. Auch auf der Alb haben wir ihn ein paar Mal getroffen, wo er gern mit großen Schritten marschiert ist. Walter Hallstein, der große Europäer, der bei St. Johann sein Ferienhaus hatte, kam nur mit Mühe hinterher. Wenn man dann genug gelaufen war und dem Wein zusprach, mußte mein Mann unweigerlich zum Jagdhorn greifen: „Hier Griesinger, blasen Sie, blasen Sie!" forderte Kiesinger

dann, und seine ansonsten eher spröde Art wandelte sich in behagliche Freundlichkeit.

Kiesinger konnte, in kleiner wie in großer Runde, faszinierend erzählen, in Rede und Gegenrede, von Schuman, Adenauer und der europäischen Idee. Manchmal hat er auch seine tiefe Enttäuschung über den damaligen FDP-Vorsitzenden und späteren Bundespräsidenten Walter Scheel eingestanden. Hans-Dietrich Genscher hatte Kiesinger am Abend nach der klar gewonnenen Bundestagswahl von 1969 auf den Montagmorgen vertröstet: da könne man in Ruhe über die Neuauflage einer CDU-FDP-Koalition sprechen. Kiesinger verließ sich darauf und ging ins Bett. Doch während er dem Morgen entgegenschlummerte, beschlossen Walter Scheel und Willy Brandt in dieser Nacht die sozialliberale Koalition, und begossen sie an Ort und Stelle, gemeinsam mit ihren Frauen. Das hat Kiesinger sehr verletzt – weniger die Entscheidung selbst als vielmehr der Stil.

Kiesinger war ja auch der schriftdeutschen Aussprache mächtig, ganz entgegen der Landeswerbung: „Wir können alles. Außer Hochdeutsch". Nur einer hat sich ein bißchen über diese Tugend lustig gemacht: Theodor Heuss. Ich habe das mit meinem Mann erlebt, als wir am 17. Juni 1959 am Schöneberger Rathaus in Berlin waren. Heuss wurde damals als Bundespräsident verabschiedet, und Kiesinger war auch dabei, denn als Ministerpräsident von Baden-Württemberg war er damals auch Bundesratspräsident.

Nachdem der Regierende Bürgermeister Willy Brandt Heuss begrüßt hatte, gab es schon Beifall, weil die Berliner diese Vaterfigur mochten. Da begann Heuss mit seiner lauten, schwäbisch getönten Aussprache: „Meine liiieben Bärliner . . ." – nicht enden wollender Beifall. „Meine liiiiben Bärliner. . ." dasselbe noch einmal. Da rief er energisch ins Mikrofon: „Klatschen ist ja ganz nett, Zuhören ist liebenswürdiger!" Und fügte hinzu: „Siie haaben doch soääben gehööört, bei der Reeede meines Landsmanns Kiesinger, wie es klingt, wenn ein Schwaaabe versucht, hooochdeutsch zu reden." Und Kiesinger hat ganz rote Ohren gekriegt. Denn er war doch stolz auf sein dialektfreies Idiom.

Ich war einst auch Schriftführerin im Bundestag und saß oft neben dem Vizepräsidenten Carlo Schmid, diesem großen Sozialdemokraten und Übersetzer von Baudelaires „Blumen des Bösen". Schmid war manchmal von den langen Sitzungen so erschöpft, daß er ein wenig einnickte. Dann habe ich ihn, Pardon!, sanft an seiner Hose am Oberschenkel gestreichelt. Sofort hat er sein mächtiges Löwenhaupt ganz langsam erhoben, hat es wieder gesenkt, es wieder erhoben – so, als ob er ganz aufmerksam zuhören würde, egal, wer gerade am Rednerpult stand. Solche kritischen Situationen hat er großartig gemeistert, und er hat mir, nicht nur damit, enorm imponiert.

Die Ehre der Partei gerettet
Mit Rainer Barzel, dem Fraktionsvorsitzenden der CDU/CSU, hatte ich zunächst wenig persönlichen Kontakt, mehr politischen im Fraktionsvorstand. Ich hatte bei der Wahl 1969 den Wahlkreis Ludwigsburg direkt gewonnen. Der Sozialdemokrat Karl Mommer, gegen den ich vor Hochachtung nie direkt angetreten wäre, hat damals nicht mehr kandidiert. Nach der Wahl hat mich Rainer Barzel zu sich gerufen und gesagt: „Frau Griesinger, Sie haben die Ehre der Partei gerettet." „Na ja", sagte ich, „ich bin schon froh, daß ich meinen Wahlkreis gewonnen habe." „Ja, wissen Sie denn nicht", antwortete er, „daß das der einzige Wahlkreis im ganzen Bundesgebiet war, der von der SPD an die CDU ging?

Viele prominente Kollegen haben ihre Kreise an die Sozialdemokraten verloren. Deshalb würde ich Sie bitten, das Amt einer stellvertretenden Fraktionsvorsitzenden zu übernehmen."

Da habe ich bloß gelacht und gesagt: „Herr Barzel, noi, des mach i net. Da müßte ich ja jeden Sonntagabend von Markgröningen nach Bonn fahren, weil wir schon am Monntagmorgen die Sitzung des Fraktionsvorstands haben. Nein, ich möchte meine Ehe nicht aufs Spiel setzen. Ich will nicht den einzigen Abend opfern, den ich daheim mit meinem Mann habe." Da hat er sich aufs Knie geschlagen und gesagt: „So etwas kann doch nur eine Frau sagen. Also wollen Sie nicht?" „Nein", habe ich gesagt, und so hat er mich nicht auf die Bewerberliste genommen.

Doch bei der Wahl zum Fraktionsvorstand im Oktober 1969 kam alles anders. Da stand mein charmanter Freund Anton Stark aus dem Wahlkreis Nürtingen auf und sagte vor der ganzen Fraktion: „Herr Vorsitzender, wir schlagen Annemarie Griesinger als stellvertretende Fraktionsvorsitzende vor." Ich wollte schon aufspringen und „Nein!" sagen, da rief der Toni in die ganze Meute hinein: „Annemarie, bleib sitza, wir haben mit deinem Mann gesprochen. Er ist einverstanden." Das war geflunkert, wie sich hinterher herausstellte. Aber das Gelächter war groß in der Fraktion, und einer hat vorgeschlagen: „Hier wählen wir per Akklamation!" Damit war's passiert. Von da an mußte mich mein lieber Heinz immer sonntagabends von Markgröningen aus zum Stuttgarter Hauptbahnhof fahren – zum Nachtschnellzug nach Bonn um 23.30 Uhr. So hatten wir wenigstens noch den Abend für uns. Um vier Uhr morgens kam ich in Bonn an, schlief noch ein wenig, und um neun Uhr begann die Sitzung des Fraktionsvorstandes. Die Zeiten der Großen Koalition waren vorbei.

Schwester in Christo
Im Rückblick auf diese Große Koalition erinnere ich mich an viele Details. Zum Beispiel an Rainer Barzels gutes Verhältnis zum damaligen SPD-Fraktionschef Helmut Schmidt. In den Sitzungen des Fraktionsvorstands habe ich miterlebt, wie Barzel alle Probleme, die es zu klären galt, immer zuerst mit Helmut Schmidt besprochen hat. Die beiden haben sich auf einen Weg geeinigt, und jeder konnte sich auf das Wort des anderen verlassen. Daraus ergab sich eine Männerfreundschaft für das ganze Leben. Deshalb hat vor eini-

ger Zeit Helmut Schmidt in München auch eine wunderbare Laudatio zum 80. Geburtstag von Barzel gehalten. Ja, Rainer Barzel war ein exzellenter Fraktionsvorsitzender.

Auch zu den Persönlichkeiten des Koalitionspartners gab es guten Kontakt. Zum Beispiel zur späteren Bundestagspräsidentin Annemarie Renger – schon wegen des gemeinsamen Vornamens. Das führte so weit, daß mich einmal beim Straßenwahlkampf in Rheinland-Pfalz ein Ortsvorsitzender der CDU durch die Flüstertüte so willkommen geheißen hat: „Meine Damen und Herrn, ich begrüße die Frau Sozialminister aus Baden-Württemberg, Frau Annemarie Renger!" Das hat die Kollegin sehr gefreut, als ich es ihr später einmal erzählte.

Zu Beginn der Großen Koalition mußten wir uns erst einmal aneinander gewöhnen. Plötzlich saßen Manfred Wörner und ich auf der einen Seite des Ganges, und auf der anderen Seite saßen die neuen Verbündeten von der Sozialdemokratie. Das war in meinem Fall ein junger, netter SPD-Mann aus Niedersachsen, Journalist von Beruf. Doch wie sollte ich ihn anreden? Ich sagte zu ihm: „Genosse mag ich nicht sagen, der Vorname wäre nicht gut, das Du schon gar nicht, sonst gäbe es nur Ärger mit Ihrer Frau". Er schmunzelte: „Da haben wir Sozis es doch leichter. Von heute an sind Sie einfach meine Schwester in Christo!" Das haben wir lange getrieben, und oft rief er mir zu: „Na, wie geht's, Schwester in Christo?"

Quatsch aus hübschem Mund
Auch zu Herbert Wehner, dem großen Zuchtmeister der SPD, hatte ich ein gutes menschliches Verhältnis. Nein, er hat mich nicht, wie meinen damaligen Fraktionskollegen Jürgen Wohlrabe, eine „Übelkrähe" genannt. Er hat nur einmal, als ich einen Diskussionsbeitrag lieferte, laut dazwischengerufen: „So ein Quatsch!" Als er sah, wen er kritisiert hatte, fügte er hinzu „... und aus so hübschem Mund!"

Ich hatte einmal Künstlern aus dem Kreis Ludwigsburg eine Ausstellung in der parlamentarischen Gesellschaft in Bonn vermittelt. Dazu hatte ich alle Abgeordneten mit einer kleinen Reproduktion eines der Gemälde eingeladen, auch Herbert Wehner. Der saß bei den damaligen Haushaltssitzungen bis Mitternacht im Plenum. Doch am anderen Morgen fand ich eine Antwortkarte von ihm in meinem Fach: „Bild gefällt mir gut.

Kann nicht kommen. Gruß Wehner." Und das, obwohl er mich noch nicht einmal kannte. Um neun Uhr war wieder Sitzungsbeginn, da bin ich zu ihm hingegangen und habe gesagt: „Ich bin die Absenderin der Einladung – Sie sind der erste, der mir geantwortet hat, obwohl Sie gestern Nacht bis zwölf Uhr ausgehalten haben. Wie machen Sie das?" Da hat er seinen krummen Mund noch krummer gemacht und gesagt: „Frau Kollegin, Sie dürfen nicht vergessen, der Tag hat 24 Stunden."

Dann habe ich, naseweis wie ich war, seine beiden Mitarbeiterinnen gefragt: „Wann hat dieser Mann die Antwortkarte geschrieben?" Die sagten: „Wehner geht nie nach Hause, ehe er nicht die kleinen Sachen auf seinem Schreibtisch weggeputzt hat. Und zwar, damit er uns morgens um acht Uhr die größeren Sachen diktieren kann." Seit diesem Tag hatten wir ein freundliches Verhältnis zueinander.

Viele Jahre später, ich war längst baden-württembergische Bundesratsministerin, habe ich einmal nicht die Prominenz, die Diplomaten, die Minister und Staatssekretäre eingeladen, sondern die Mitarbeiterinnen von Behörden und Fraktionen samt den Vorzimmerdamen. Und zwar zu einer schönen Ausstellung mit Silber aus Schwäbisch Gmünd und Porzellan aus Ludwigsburg. Alle kamen, rund 200 Frauen. Es war ein schönes Fest, mit Essen, Musik, Gesprächen. Viele lernten sich, obwohl sie seit Jahren Wand an Wand arbeiteten, erst bei dieser Gelegenheit näher kennen. Am nächsten Tag bekam ich eine Karte von Wehner, mit seiner kleinen Schrift: „Liebe Frau Griesinger, großartige Idee. Meine Mitarbeiterinnen waren glücklich."

Dieses Glück war dem Patriarchen so wichtig, daß er einer seiner Sekretärinnen, einer alleinerziehenden Mutter, erlaubte, ihren Sohn nach der Schule in ihr Büro zu holen, damit der Bub hinten in der Ecke Schulaufgaben machen konnte. Ich habe das selbst einmal erlebt. Da stand der kleine Kerl, und der große Wehner kam herein, strich dem Kind über den Kopf und sagte: „Na, wieder Hausaufgaben?" „Ja, Onkel Wehner." „Dann mach's mal schön." Und die Damen sagte: „Der Mann ist nicht so bärbeißig, wie er in der Öffentlichkeit gezeichnet wird. Der ist wie ein Vater zu uns." Später habe ich den früheren CDU/CSU-Fraktionsvorsitzenden Heinrich Krone öfter besucht – wer saß manchmal bei ihm? Herbert Wehner. Krone sagte: „Ja, wir haben uns oft hart auseinandergesetzt, aber wir haben uns danach immer wieder menschlich respektiert."

Ich habe Wehner immer verteidigt, als er verdächtigt wurde, einst ein Spion der Sowjetunion gewesen zu sein. Die Vorwürfe stammten aus zweiter oder dritter Hand und kamen zu einer Zeit, als er sich nicht mehr verteidigen konnte. Was bleibt, ist meine Gewißheit, daß dieser standhafte Demokrat, ob in der Großen Koalition oder auch später, im Verhältnis zu Willy Brandt, das Beste für Deutschland wollte – auch wenn ich seine Meinungen nicht immer teilte. Eines hat er nicht verdient: üble Nachrede.

Brandt und das schöne Märchen
Auch mit Willy Brandt hatte ich eine menschliche Begegnung, damals, als er Kanzler war. In Düsseldorf war ein großer Schausteller-Kongreß, der auch von der politischen Seite aus prominent besetzt war. Brandt war da, der nordrhein-westfälische Ministerpräsident Heinz Kühn, Hans-Dietrich Genscher für die FDP. Als ich meine Rede hielt, schloß ich mit einer persönlichen Anmerkung: „Als Bürgerin der Schäferlaufstadt Markgröningen bin ich von Kind an mit Ihnen, den Schaustellern, vertraut. Auf den Wiesen hin-

ter meinem Elternhaus haben die Schausteller ihre Wohnwagen abgestellt. Und meine gütige Mutter hat den Frauen gesagt: ‚Wenn Sie Ihren Männern beim Aufbau der Karussells und Schiffschaukeln helfen müssen, dürfen Sie Ihre Kinder gern bei mir im Garten spielen lassen. Ich passe auf sie auf. Unser Haus, unser Garten stehen für Sie offen.' Dafür haben meine Brüder und ich immer wieder gratis Karussell fahren dürfen."

Die Reaktion? Riesenbeifall. Als wir später zusammenstanden, sagte Willy Brandt süffisant zu mir: „Na, Frau Kollegin, da haben Sie aber ein schönes Märchen erfunden, damit Sie den größten Beifall kassieren können." Und ich habe verlegen gestottert: „Herr Bundeskanzler, das stimmt aber . . ."

Da schickte mir der liebe Gott, hilfreich wie immer, eine alte Dame mit schwarzen, glatt nach hinten gekämmten Haaren und großen, goldenen Ohrringen. Die kam, erkennbar eine Schaustellerfrau, auf mich zu und fragte: „Verzeihen Sie, aber hat Ihre Mutter vielleicht Roemer geheißen?" „Ja, warum?" „Dann war das Ihre Frau Mutter, die damals meine Kinder so fürsorglich betreut hat. Markgröningen bleibt mir deshalb ewig dankbar in Erinnerung."

Da hat Willy Brandt geschwind den Arm um mich gelegt und gesagt: „Verzeihen Sie, daß ich Ihnen das mit dem Märchen unterstellt habe. Ich sehe jetzt und ich freue mich, daß alles gestimmt hat." Seither haben wir uns, wenn wir uns im Aufzug des Bundeshauses begegnet sind, immer freundlich gegrüßt.

Das Mißtrauensvotum
An den Tag des Mißtrauensvotums gegen Willy Brandt, an den 27. April 1972, erinnere ich mich noch genau. Ich saß im Plenum und mein Nebensitzer Manfred Wörner kritzelte und schrieb ohne Unterlaß. Endlich fragte ich ihn: „Mensch, Wörner, was schreiben Sie denn da?" Er sagte: „Mensch, Griesingerin, ich soll Verteidigungsminister in der neuen Regierung werden, da muß ich doch den Tagesbefehl vorbereiten." Gerüchteweise hatte ich gehört, daß ich Sozialministerin werden solle, falls wir die durch Übertritte geschwächte sozialliberale Koalition ablösen könnten – aber Barzel hatte mit mir nicht darüber geredet. Und dann platzte das Mißtrauensvotum. Ich sehe Rainer Barzel noch vor mir in seinem Sitz, die Hände vor das Gesicht geschlagen. Er konnte es nicht fassen, daß ihm zwei Stimmen

fehlten. Aber mannhaft sagte er danach: „Wir werden nicht nachforschen, wer die Abweichler waren."

Ich hätte mich, ganz ohne Eigeninteresse, schon sehr gefreut, wenn Barzel Kanzler geworden wäre. Entsprechend war mein Entsetzen über das Debakel. Der Jubel bei der SPD hat uns damals sehr wehgetan.

Später haben wir erfahren, daß einer der beiden Verräter der CDU-Abgeordnete Julius Steiner war. Das hat mich sehr geschlaucht, denn da gab es eine Vorgeschichte, in der ich eine Rolle spielte. Als die baden-württembergische CDU-Landesliste für die Bundestagswahl 1969 aufgestellt wurde, war ich als Mitglied des Parteivorstands bei der Delegiertenwahl in Südwürttemberg dabei. Ich hatte vorgeschlagen, eine Frau namens Margarete Kuppe auf die Liste zu nehmen, eine großartige Gymnasiallehrerin, eine blitzgescheite Frau und Heimatvertriebene. Alles war vorbereitet, aber da kamen Vertreter der Jungen Union zu mir und sagten: „Verstehen Sie uns bitte, aber wir müssen den Julius Steiner durchkriegen. Der ist unser Kandidat, der ist verheiratet, hat Kinder, aber keine Arbeit. Der ist auf die Bundestagsdiäten angewiesen."

Für mich waren das keine überzeugenden Argumente. Aber dann kam die Abstimmung, und der Steiner ist auf den Platz gerückt, auf dem ich die aktive Lehrerin haben wollte; danach ist er dann in den Bundestag eingerückt. Was mich besonders geärgert hat, war, daß dieser Julius Steiner ein fauler Abgeordneter gewesen ist. Wenn wir als CDU-Landesgruppe getagt und nach der Arbeit miteinander gegessen und getrunken haben, saß der immer total desinteressiert da, hat alles mitgenommen, was es gab, und ist als einer der letzten gegangen. Erst als später herauskam, daß der SPD-Mann Karl Wienand Steiner mit 50 000 Mark Stasi-Geld bestochen hatte, fiel mir das Argument der Junge Union wieder ein: daß der Mann in schweren Geldnöten gewesen sei.

Anders gesagt: Hätte ich damals meine Favoritin Kuppe durchsetzen können, wäre vielleicht alles ganz anders gekommen. Willy Brandt wäre gestürzt worden, Rainer Barzel Kanzler geworden, Brandt hätte die Guilleaume-Spionage-Affäre nicht an den Hals bekommen, Helmut Schmidt wäre womöglich nie Bundeskanzler geworden – was schade gewesen wäre. Aber das alles ist bloße Theorie und längst Vergangenheit

Dieser Skandal hat mir den Abschied aus Bonn ein wenig erleichtert. Aber ich habe meine Arbeit dort immer gern gemacht. Bis zu dem Tag, an dem mich Renate Hellwig anrief und mir sagte, die baden-württembergische CDU-Landtagsfraktion unter Lothar Späth wolle dem Ministerpräsidenten Hans Filbinger vorschlagen, mich als Ministerin in sein Kabinett aufzunehmen. Da sagte ich wieder: „Darüber muß ich erst einmal mit meinem Mann reden.".

Da er mir zuriet, nach Stuttgart zurückzukehren, mußte ich von Bonn vorerst Abschied nehmen – und meine Bundestagskolleginnen und -kollegen von ihrer „Frau Heidenei".

Als Frau Minister nach Stuttgart

Eine Woche vor den Bonner Turbulenzen, am 23. April 1972, hatte Ministerpräsident Hans Filbinger die Landtagswahl in Baden-Württemberg für die CDU glorreich gewonnen: mit 52,9 Prozent der Stimmen, also mit absoluter Mehrheit. Nun brauchte er die Große Koalition mit der SPD nicht mehr fortzuführen, nun konnte er allein regieren – aber er brauchte neue, eigene Leute für sein Kabinett.

Nachdem sich die Fraktion unter ihrem Vorsitzenden Lothar Späth für mich ausgesprochen hatte, kam Hans Filbinger auf mich zu – und wollte mich als Frauenbeauftragte haben, nicht als Minister. Das war zwar ein moderner Gedanke, so etwas gab es noch nicht. Aber ich habe zu Filbinger gesagt: „Nein, ich bin keine Frauenrechtlerin." Dann war die Rede vom Arbeitsministerium – aber das war bisher eher eine Aufsichtsbehörde über die Landesversicherungsanstalt, über das Landesversorgungsamt, das Landesgewerbeamt. Diese Arbeit war seither von dem Sozialdemokraten Walter Hirrlinger gemacht worden, und Filbinger hatte Bedenken, ob sie das richtige für eine Frau sei. Ich habe zu

Filbinger gesagt: „Herr Ministerpräsident, wenn Sie den Mut hätten und es die Möglichkeit gäbe, das Arbeitsministerium mit der Sozial- und der Gesundheitsabteilung des Innenministerium zu vereinen, dann wäre ich bereit, das zu übernehmen." Denn das entsprach meinem beruflichen Profil, meiner Ausbildung, meiner Kompetenz. Nach einer Bedenkfrist sagte er: „Gut, damit bin ich einverstanden." So entstand ein neues Ressort: das Ministerium für Arbeit, Gesundheit und Sozialordnung.

Kaum war die Nachricht von der ersten Frau in einem baden-württembergischen Ministeramt publik geworden, da fragten mich Journalisten: „Was werden Sie denn nun sein? Frau Minister? Frau Ministerin?" Ich habe ihnen erklärt: „Erstens enthält die Anrede ‚Ministerin Griesinger' ein bißchen viele i's. Und zweiten bin ich wieder im Schwabenland. Da klingt es schon komisch, wenn meine Mitarbeiter ‚Frau Minischder' sagen müssen. Aber noch viel blöder wäre es, wenn sie ‚Frau Minischderin' sagten. Am liebsten hieße ich einfach nur Griesinger, aber wenn es denn sein muß, dann eben ‚Minister Griesinger'. Das reicht." So wurde ich zur „Frau Minister".

Rock oder Kopf?
Im Kabinett habe ich mich nie als „Quotenfrau" gefühlt. Gegen diesen Begriff habe ich mich immer gewehrt und gesagt: „Ich will nicht gewählt werden, weil ich einen Rock trage, sondern ich will gewählt werden, weil ich etwas im Kopf habe." Aber das Problem von uns Frauen in solchen Ämtern ist, daß wir nicht die Verbindungen, die Hausmächte haben wie die Männer. Da hat die Idee der Quote manchmal schon geholfen.

Das damalige Kabinett war hochkarätig besetzt: mit dem großartigen Kultusminister Wilhelm Hahn, den ich in Stuttgart wieder traf. Dann mit dem engagierten Wirtschaftsminister Rudolf Eberle, dazu Traugott Bender, dem Justizminister, mit dem ich wegen meiner Zustimmung, Abtreibungen auch in Kreiskrankenhäusern vorzunehmen, aneinander geraten bin. Und natürlich mit Finanzminister Robert Gleichauf, der als Vater von elf Kindern am liebsten selbst Sozialminister gewesen wäre und sich dafür eingesetzt hat, die Psychiatrischen Landeskrankenhäuser sanieren zu lassen. Damit hat mir dieser ungemein sparsame, gewissenhafte Mann sehr geholfen. Später kam auch Roman Herzog als Minister für Kultur und Sport dazu, ein gelassener, unaufgeregter Mann,

*Wahlkampfteam mit Dame (von rechts):
Ministerpräsident Hans Filbinger, Finanzminister
Robert Gleichauf, Bundestagsabgeordnete
Annemarie Griesinger, Kultusminister Wilhelm
Hahn, Landwirtschaftsminister Friedrich Brünner
und der damalige Bürgermeister von Spaichingen,
Erwin Teufel*

der über den Dingen stand. So hat er später auch sein Amt als Bundespräsident ausgeübt.

Nicht vergessen will ich auch den Landwirtschaftsminister Friedrich Brünner und den Innenminister Karl Schieß, der ein passionierter Jäger war. Brünner wollte ein neues Gesetz durchsetzen, das es jedem Spaziergänger erlauben sollte, ständig und zu jeder Zeit durch den Wald zu laufen. Dagegen haben Karl Schieß und ich aufgebegehrt: Es müßten ja auch Einschränkungen möglich sein, um des Wildes willen – und mit Rücksicht auf die Sicherheit der Waldbesucher. Wir waren eine kleine Koalition der Jäger, aber Brünner hat sich durchgesetzt. Schieß hat mich sehr beeindruckt mit seinem Konzept der Gemeindereform. Im Kabinett und in der Fraktion wurde sehr gewissenhaft diskutiert, denn die Abgeordneten, auch die der CDU, hatten ein großes Interesse daran, ihre Wahlkreise und vor allem ihre Bürgermeister zu schonen, denn die konnten viel Ärger bereiten. Aber Schieß schaffte es. Kurzum, es war eine spannende Zeit im Kabinett.

Die Chefin fragt um Rat
Im Ministerium habe ich mich von Anfang an um einen eigenen, kooperativen Stil bemüht. Mon-

tagmorgens habe ich meine sechs Abteilungsleiter zusammengerufen, um die Kabinettssitzungen am Dienstag vorzubereiten, und wir haben gemeinsam alles durchgesprochen. Natürlich habe ich als Neuling diese erfahrenen Experten um Rat gebeten. Aber das war zu dieser Zeit offenbar ziemlich ungewöhnlich.

Nach vier Wochen kam jedenfalls der älteste Abteilungsleiter, Karl Domhan aus Korntal, zu mir, der für die Gewerbeaufsicht, das Sprengwesen und die Atomaufsicht zuständig war, und erzählte: „Meine Verwandten aus Hamburg waren da, und ich habe ihnen von ‚meiner Frau Minister' erzählt." Die hätten sich gewundert und gefragt, seit wann er von seiner Frau als der „Frau Minister" spreche. Da habe er gesagt: „Ich muß jetzt eben zwei Frauen folgen, meiner Ehefrau daheim und der Frau Minister im Amt." „Ach, du Ärmster", hätten die Hamburger ihn bedauert, doch er habe gesagt: „Nein, ich bin reich. Ich werde nämlich von meiner Frau Minister um Rat gefragt." So etwas hat dem altgedienten Beamten gut getan. Und mir auch. Ich hatte einen geduldigen, fachkundigen Ratgeber gefunden.

Getreu meinem einstigen Bundestags-Mentor Gottfried Leonhardt habe ich meine Entscheidungen nicht von oben herab gefällt. Einmal in der Woche bin ich von Abteilung zu Abteilung gegangen. Ich wollte nicht nur die Abteilungsleiter und die Referatsleiter kennen, sondern auch wissen, wo und wie die anderen Mitarbeiter in unserem Ministerium in der ehemaligen Rotebühl-Kaserne in Stuttgart untergebracht und beschäftigt sind. Ich habe mir die Freiheit genommen, hin und wieder direkt die Sachbearbeiter zu mir zu rufen. Die hatten ja bisher nur die Entscheidungen des Ministers zur Kenntnis nehmen dürfen, aber nie erfahren, was aus ihren Ideen und Entwürfen im einzelnen geworden war.

Krach mit forschem Referenten
Das Verhältnis zum Ministerpräsidenten war sehr gut, aber auch korrekt und förmlich. Filbinger hat seine Kabinettsmitglieder respektiert und sie immer mit ihrem Titel angesprochen: „Herr Kultusminister, Herr Finanzminister, tragen Sie bitte vor." Und dann hat er sehr genau, sehr geduldig zugehört.

Eines Tages ging es im Kabinett um die Krankenhausreform. Ich hatte vorher mit meinen Mitarbeitern viele Gespräche geführt: welche Krankenhäuser verzichtbar wären, welche erhalten bleiben müßten. Ich war also sehr gut vorbereitet. Doch während ich vortrug, quatschte plötzlich einer der beiden Referenten des Ministerpräsidenten dazwischen und sagte forsch: „Herr Ministerpräsident, wir haben das im Staatsministerium alles durchgerechnet. Man kann mindestens zehntausend Betten streichen."

Da bin ich richtig narret geworden. Ich habe meine Handtasche genommen, sie auf den Tisch geknallt und gesagt: „Herr Ministerpräsident, was gilt eigentlich mehr – das Wort Ihrer Minister oder Ihrer Beamten? " Da sagte Filbinger in aller Ruhe: „Frau Arbeitsminister, sprechen Sie bitte weiter." Und er hat meinen Plan gebilligt. Hinterher habe ich dem Beamten den Rost heruntergetan: „Mensch, ich habe doch auch tüchtige Mitarbeiter, wir sind auch nicht blöd. Und ich brauche draußen im Land meine Krankenhäuser, nicht nur in den Städten."

Mühsame Arbeit an der Basis
Während meiner Ministerzeit ist es glücklicherweise gelungen, eine Reihe wichtiger Projekte voranzubringen. Zum Beispiel den Aufbau der Sozial- und Diakoniestationen. Schon im Bundestag hatte ich mich ja um die ländliche Infrastruk-

tur gekümmert. Die Gemeindeschwestern und die Ordensschwestern drohten draußen auf dem flachen Land auszusterben, und man mußte Wege suchen, um junge Schwestern zu finden und ambulante Dienste aufzubauen. Kaum war ich Minister, habe ich mich mit Vertretern der beiden großen Kirchen an einen Tisch gesetzt – das war ein fruchtbares Zusammenfinden auf der untersten Ebene: mit Sozialstationen in katholischen und Diakoniestationen in evangelischen Regionen, aber jeweils in Kooperation mit den anderen.

Probleme tauchten weiter oben auf, auf Bischofsebene. Es gab eine Modellphase mit zwölf Stationen, an der auch Kommunen, Rotes Kreuz und die Arbeiterwohlfahrt beteiligt waren, außerdem mußten wir die Krankenkassen ins Boot holen und die bisherigen Krankenpflegevereine eingliedern. Das war schwierig, aber es hat nach unendlich langen Verhandlungen geklappt. Wir konnten diese Einrichtungen Landkreis für Landkreis fördern und so den flächendeckenden ambulanten Pflegedienst aufbauen.

Dann habe ich mich um das Mutter-und-Kind-Programm bemüht, weil ich es schon als Fürsorgerin beim Landratsamt erlebt hatte, wie schwer es alleinerziehende, berufstätige Mütter haben. Gut, es gab Tagesmütter. Aber ich war der Ansicht: Ehe ich die Mütter veranlasse, ihre Kinder in fremde Hände zu geben, muß ich ihnen die eigene, freie Entscheidung lassen, ob sie ihr Kind selbst betreuen möchten – oder ob sie arbeiten gehen wollen. Da haben wir mit einigen Landkreisen ein Mutter-Kind-Modell aufgebaut, das den Müttern, über die Sozialhilfe hinaus, ein eigenes Erziehungsgeld auf drei Jahre gewährte – falls sie bereit waren, ihr Kind selbst zu erziehen. Das hat gut funktioniert.

Aber Gerechtigkeit in der Politik zu schaffen ist ein schwieriges Geschäft. Nun kamen nämlich die verheirateten Mütter und sagten: „Na prima, daß den alleinerziehenden Müttern geholfen wird. Aber wir haben freiwillig den Beruf aufgegeben, unseren Kindern zuliebe. Bloß kriegen tun wir nichts." Außerdem war zu befürchten, daß junge Mütter die eigentlich geplante Heirat hinausschieben würden, um sich das Geld zu sichern. Da habe ich gesagt: „Gut, dann müssen wir ein Familiengeld einführen für nicht erwerbstätige, verheiratete Frauen." Wir Baden-Württemberger waren die ersten, die das geschafft haben.

Glücklicherweise konnte ich auch mithelfen, daß in Markgröningen die große Orthopädische Klinik eingerichtet wurde. Eines Tages kam Professor Friedrich Wilhelm Rathke zu mir, der Chef der Wernerschen Anstalten in Ludwigsburg, und war todunglücklich. Er mußte seine Einrichtung mitten in der Stadt schließen und war ratlos, wie es weitergehen sollte. Dann kam der Gedanke an das Gelände des Landeswohlfahrtsverbands zwischen Markgröningen und Asperg. Da stand das große Behindertenheim, die große Schule – und da war noch Gelände frei. Der Landeswohlfahrtsverband weigerte sich zunächst, eine Klinik in Landesregie einzurichten. Aber mein außerordentlich tüchtiger Ministerialdirektor, Professor Dr. Paul Feuchte, kannte den Landesvorsitzenden und Ravensburger Landrat Walter Münch. Mit guten Argumenten schaffte er es, dessen Widerstand auszuräumen. Als in der Pfingstzeit 1978 bei strömendem Regen der Grundstein gelegt wurde, kam Landrat Münch zu mir und holte hinter seinem Rücken einen Pfingstrosenstrauß hervor: „Frau Minister, ich soll Ihnen einen schönen Gruß von meiner Frau sagen. Sie freut sich, daß die Klinik nun doch gebaut wird." Wieder typisch Mann.

Er selbst konnte seinen Sinneswandel, seine Zustimmung nicht einräumen. Da hat er eben seine Frau vorgeschoben.

Ärger mit den drei Ks
Natürlich setzte es öfter auch Kritik von der Opposition und den Medien. Damit müssen Politiker leben. Erhard Eppler, damals Fraktionsvorsitzender der SPD, unterstellte mir, ich wolle das „Heimchen am Herd" wieder auferstehen lassen. Was war die Ursache? Bei einem großen Kongreß in Stuttgart hatten engagierte Gewerkschafterinnen klargestellt, wie wichtig es sei, einen Beruf vor der Familie zu haben. Dabei zählten sie viele Tätigkeiten auf, nur nicht die der Hausfrau und Mutter. Die Damen der Hausfrauengewerkschaft senkten immer mehr die Köpfe. Da wurde ich so wütend, das ich in der Diskussion sagte: „Meine Damen, wenn Sie weiterhin die drei Ks, nämlich Kinder, Küche, Kirche, in den Keller verbannen, dann wird das vierte K dazukommen: die Katastrophe. Denn Kindererziehung ist heute viel schwieriger als früher. Kirche ist ein guter Wurzelboden. Und wo nur noch Fertignahrung angeboten wird, müssen junge Frauen eine Chance bekommen, das Kochen zu lernen."

Kaum wieder im Ministerium, kam mein persönlicher Referent hereingestürzt: „Um Gottes Willen, Frau Minister, was haben Sie da gesagt? Über die Agenturen läuft die Meldung: ‚Minister Griesinger will die Frauen wieder in die Küche zurücktreiben.'" Kritische Journalistinnen sahen die Renaissance der drei Ks heraufziehen. Wir haben rasch versucht, noch eine klärende Meldung herauszugeben. Aber da rief schon Gerhard Meier-Röhn vom Südfunk-Fernsehen an: „Frau Griesinger, das können Sie so nicht gemeint haben. Könnten Sie gleich zu mir in die Landesschau kommen, zum Interview?" Ich bin hingefahren, ungeschminkt und unpräpariert. So konnte ich meine Position klarstellen und hinzufügen: „Es geht alles nur gut, wenn auch die Väter ihre Aufgaben für Familie und Kinder wahrnehmen."

Das Interview lief, noch ehe die verurteilenden Kommentare in den Zeitungen erschienen – und ich habe eine riesige Zustimmung von den selbsterziehenden Müttern bekommen, frei nach dem Motto: „Endlich legt mal jemand ein Wort für uns ein." Lothar Späth aber hat mich am nächsten Tag ziemlich distanziert begrüßt und gesagt: „Hör mal, das mit den drei Ks sagst du bitte nimmer." Da bin ich schwer den Bach hinuntergegangen. Aber diese Gewerkschaftsfrauen haben mich einfach saumäßig geärgert – da ist mein Temperament mit mir durchgegangen. Das war nicht mehr ein schlichtes Heidenei, das war Donnerwetter.

Arbeit für Behinderte
Was mir in meiner Amtszeit auch sehr wichtig gewesen ist, war der flächendeckende Ausbau von Behindertenwerkstätten. Da hat uns die Bundesanstalt für Arbeit geholfen, daß wir Behinderten, auch geistig Behinderten, eine sozialversicherungspflichtige Beschäftigung vermitteln konnten – nicht im ersten Arbeitsmarkt, sondern im zweiten, in gesonderten Werkstätten. Caritas und Diakonie waren sehr engagiert dabei, ebenso der Verband der Lebenshilfe für geistig Behinderte. Und was schön war: Handwerksmeister zeigten sich bereit, die Behinderten anzuleiten, und sie gaben sich mit einer geringeren Bezahlung zufrieden, weil sie kreativ tätig sein konnten. So kam es, daß die Arbeit aus den Behindertenwerkstätten qualitativ oft besser war – es wurde weniger Ausschußware produziert. Und sogar der Krankenstand war in diesen Werkstätten niedriger,

weil die Menschen das gute Gefühl hatten, daß man sie braucht.

Wofür ich sehr gekämpft habe, war die Eingliederungshilfe, die Hilfe in besonderen Lebenslagen. Das bedeutete ein Angebot von Arbeit für Menschen mit Problemen, kombiniert mit einer sozialen Betreuung. Da wurde gesungen, Sport getrieben, kreativ, künstlerisch gearbeitet. Wieder waren die Träger in der Wohlfahrtspflege engagiert dabei.

Natürlich mußte ich in meinem Amt viele Verhandlungen mit Arbeitgebern und Gewerkschaftsfunktionären führen. Es gab auch öffentliche Streitgespräche, zum Beispiel mit DGB-Vertretern über die von uns geplanten Arbeitskammern. Und ich erinnere mich gut, wie mir der damalige Chef der Industriegewerkschaft Metall, Franz Steinkühler, die Vorteile der 35-Stunden-Woche anpries: „Das werden wir durchsetzen!" Ich erwiderte, daß dies auch der Schwarzarbeit Auftrieb geben könne: „Unsere schwäbischen Arbeitnehmer wollen nicht nur 35 Stunden in der Woche schaffen. Die gucken, wo in der Nachbarschaft eine Baustelle oder ein Handwerksmeister ist und heuern dort an, um noch was dazuzuverdienen." Da hat er mich nur mitleidig angeguckt und gesagt: „Sie haben wenig

Mit Bundespräsident Roman Herzog 1995 bei der Präsentation der „Bundesvereinigung Lebenshilfe" für Menschen mit geistigen Behinderungen

Ahnung von unserer Gewerkschaftsarbeit." Ich habe mich manchmal gewundert, wie er gegen die Arbeitgeber vom Leder zog und selbst in Maßanzügen in den Aufsichtsräten großer Unternehmen erschien. Aber ich habe ja auch nicht, wie Lothar Späth, Tennis mit ihm gespielt.

Hilfe zur Selbsthilfe
Wie dem auch sei: Meine Aufgaben, ob in Sachen Arbeit, Gesundheit oder Soziales, hätte

ich nie allein bewältigen können – die Erfolge entsprangen einer fruchtbaren Zusammenarbeit mit meinen Fachleuten und Mitarbeitern. Für unsere sozialen Projekte, die dem Subsidiaritätsprinzip entsprachen, hatten wir uns einen griffigen Titel einfallen lassen: „Hilfe zur Selbsthilfe." Ich wollte ja, ähnlich wie die einstige württembergische Königin Katharina, nicht Almosen verteilen, sondern den Menschen helfen, ihren Lebensunterhalt selbst wieder verdienen zu können. Doch dieses Programm mußten wir der Fraktion vorlegen, und selbstverständlich hatte ich ein Exemplar für Fraktionschef Lothar Späth dabei. Meine Bitte war, nichts nach draußen zu verlautbaren, weil ich die Unterlagen erst dem Ministerpräsidenten geben wollte und er entscheiden mußte.

Einen Tag später kam ich von einem Außentermin wieder ins Amt und fand meine Mitarbeiter aufgeregt vor: „Frau Minister, was ist denn da passiert?" Der clevere Lothar Späth hatte zusammen mit dem Schlitzohr Matthias Kleinert gesagt: „Das Modell gefällt uns gut. Das verkaufen wir gleich als unser Fraktionspapier." Sie haben es, ohne ein Komma oder einen Punkt zu ändern, der Presse übergeben und vorher den

Namen Annemarie Griesinger durch CDU-Landtagsfraktion ersetzt. Und alles, inklusive dem Slogan „Hilfe zur Selbsthilfe", lief unter dem Namen meines Freundes Lothar.

Meine Mitarbeiter waren fuchsteufelswild, aber ich habe gesagt: „Eigentlich kann uns ja nichts Besseres passieren – jetzt kann niemand mehr dieses Konzept ablehnen." Nur als ich dann die Themen in der Landespressekonferenz vorgetragen habe, dachten alle „Na klar, das sind doch alles die tollen Ideen von Lothar Späth."

Was soll's. Vielleicht war das wieder der erwähnte Unterschied zwischen Männern und Frauen – daß Männer eben Erfolge unter ihrem Namen verbuchen wollen. Uns Frauen ist die Sache wichtiger. Wie hatte die Gräfin Leutrum gesagt: „Versuchen Sie nicht, eine Sache allein durchzupauken, sondern geben Sie den Männern eine Chance, sich zu profilieren. Dann sind die Aussichten auf Erfolg besser." Ich kann nur sagen, sie hatte recht.

Von Land und Leuten

Beim Thema Frauen fällt mir Julie Blum ein. Ich habe diese bewundernswerte Frau dienstlich kennengelernt – und eine persönliche Freundschaft mit ihr geschlossen. Das kam so: Neben dem Landesfamilienrat haben wir, gemeinsam mit den Kirchen und den Wohlfahrtsverbänden, den Landesseniorenrat gegründet. Zum silbernen Landesjubiläum gab es einen Wettbewerb: „Ältere Menschen schreiben Geschichte". Es kamen rund 2000 Einsendungen. Den ersten Preis konnte ich damals an einen bemerkenswerten Menschen vergeben: an die einstige Stallmagd Julie Blum. Die wohnte im Altenpflegeheim in Schopfheim. Als ich sie naiv fragte, ob sie denn Kinder habe, hat sie gesagt: „Frau Minischdr, i han viele Rindli uffzoga in miim Läba, i bin ganz a langa Ziit im Kuhstall gsi." Mit den Vierbeinern habe sie sich besser vertragen als mit den Zweibeinern: „Die sind dankbarer gsi."

Frau Blum ist an der Schweizer Grenze aufgewachsen und wurde in einem Waisenhaus aufgenommen. Weil sie so gut auswendig gelernt hat, durfte sie später bei den Bibelstunden die Gesangbuchverse vortragen – weil die alten Leute ohne Brille ja nicht mehr lesen konnten. So hat sie alle Kirchenlieder auswendig gelernt. Später hat sie im Kuhstall eines Mädchenerziehungsheims gearbeitet, viele Jahre lang. Da hat sie sich um das Vieh gekümmert und um die Mädchen, die abhauen wollten. Für die wurde sie zur Beichtmutter.

Der Heimleiter in Schopfheim hatte sie ermuntert, an dem Erzählwettbewerb teilzunehmen. Daraufhin hat sie ihre Geschichte in der alten deutschen Schreibschrift aufgeschrieben. Titel: „Ein einfaches Leben". Diese Geschichte war so beeindruckend, daß das Fernsehen einen Film mit ihr machte. Auf den Hinweis von Journalisten, die Leute von heute könnten ihre Sütterlinschrift nicht mehr lesen, reagierte sie frohgemut. Da könnten die Leser ja zum Großvater, zur Großmutter oder dem alten Nachbarn gehen und sich den Text vorlesen lassen. „Und dann fragen die bestimmt: ‚Oma, wia isch's denn in diim Läba gsi?'" So werde „ein Brückli" zwischen alt und jung gebaut.

Der Heimleiter sagte mir: „Ich brauche in unserem Haus keinen Psychologen. Wenn jemand unzufrieden oder unglücklich ist, schicke ich ihn zur Julie Blum. Sie hat in ihrem Zimmer ein Bild mit einem Ziegenbock drauf. Unterschrift: Hier darf gemeckert werden. Und die Leute kommen aus dem Zimmer heraus wie aus der Altweibermühle in Tripstrill – getröstet." Als ich sie bei ihrem 100. Geburtstag besucht habe, hat sie gerade Strümpfe gestrickt, das Käppli für die Fersen. Kurz danach ist sie friedlich eingeschlafen.

Das war für mich mit das Schönste: wertvollen Menschen begegnen zu dürfen.

Differentialrat als Treiber
Zu dieser Kategorie gehörte auch mein einstiger Fahrer Herbert Hinteregger. Er war Österreicher, mit einer Esslingerin verheiratet und als Dienstältester der Doyen der Ministerfahrer – er hatte alle vorhergehenden Arbeitsminister sicher chauffiert. Für ihn war es eine große Umstellung, plötzlich eine Frau fahren zu müssen. Deshalb war er richtig glücklich, daß diese Frau Minister auch einen Ehemann hatte. Als er mich nach dem ersten Arbeitstag heimfuhr, brannte im Arbeitszimmer meines Mannes Licht. Da sagte er frohgemut: „Ja, ich glaub, der Chef ist schon daheim." Es war das erste Mal, daß er meinen Mann „Chef" nannte – und dabei blieb er, so

lange wir uns kannten. Ich war die Chefin, na gut, aber Heinz war der Chef. Wir hatten immer ein sehr respektvolles Verhältnis. Weil Hinteregger auch an der Jagd interessiert war, ist er mit uns gern auf die Treibjagd gegangen. Er rief nicht, wie die anderen, „Hussa-Sassa", sondern „Heb, heb"; deshalb wußten wir immer, wo er gerade war. Und der jeweils erste Hase, den mein Mann erlegte, gehörte ihm.

Hinteregger, mein „Differentialrat", wie er sich selbst nannte, war mir auch während der Zeit des sogenannten „Deutschen Herbstes", als Arbeitgeberpräsident Hanns-Martin Schleyer 1977 von Terroristen ermordet wurde, eine große Hilfe. Denn plötzlich kam heraus, daß ich gemeinsam mit der Bundestagsvizepräsidentin Liselotte Funke und der Sozialministerin des Saarlandes, Rita Waschbüsch, auf einer Entführungsliste stand. Diese Liste war ernst zu nehmen, denn in ihr war unser Haus samt der Wohnung und dem eventuellen Fluchtweg zur Bahnhofstraße detailliert aufgezeichnet. Von da an genoß ich polizeilichen Personen- und Objektschutz.

Nun hatten wir immer Polizei hinter uns, die auf uns aufpaßte, auch Polizei und Kameras vor und in unserem Haus. Das war lästig, nicht nur für meinen Mann und mich. Auch die Nachbarn in Markgröningen fühlten sich bewacht und konnten abends in der Wirtschaft kaum mehr als ein Viertele trinken. Zu Hause in der Gartenstraße wartete ja immer ein Streifenwagen. Eines Tages habe ich zu meinem Mann gesagt: „Ich mach das nicht mehr mit, ich hab genug." Ich schrieb Briefe an Ministerpräsident Filbinger, an Innenminister Schieß und an Justizminister Bender: daß ich erstens keinen Schutz mehr wolle und daß ich zweitens nicht freigekauft werden möchte, falls ich eines Tages doch entführt würde. Die Herren stimmten schließlich trotz großer Bedenken zu.

Der Grund meiner Bitte an den Ministerpräsidenten war nicht übermäßiger Mut, sondern eine anrührende Begegnung. Wie jedes Jahr hatte ich die Weihnachtsfeier der Kriegsblinden in Stuttgart besucht. Dort war ein blinder Mann, der zudem ohne Hände war, auf mich zugekommen und hatte gesagt: „Liebe Frau Minister, ich habe gerade erfahren, daß Sie Polizeischutz brauchen. Aber doch nicht hier, bei uns alten Soldaten. Wir passen doch auf Sie auf." Und dann umarmte er mich mit seinen Armstümpfen. Da kamen mir die

Tränen, und ich beschloß mit meinem Mann, diese Bewachung zu beenden. Zu einer Sozialministerin paßt kein Polizeischutz, auch wenn er noch so fürsorglich gedacht war.

Jedenfalls konnte ich eines schönen Morgens meinem Fahrer Hinteregger sein schönstes Geburtstagsgeschenk machen: „Von heute an kommt die Polizei nicht mehr, wir beide sind frei." Während wir losfuhren, sagte er: „Frau Minister, ich bewache Sie doch auch", und zog aus seiner Tasche eine Pistole heraus: „Die hab ich immer dabei." Er war richtig glücklich. Endlich konnte er wieder Gas geben und bei Gelb über die Kreuzung fahren.

Empfehlenswerte Kandidatin
Für die Landtagswahl 1976 waren die Wahlkreise neu zugeschnitten worden. Der neue Wahlkreis Vaihingen/Enz, der bis Gerlingen reichte, wurde frei, und für mich ergab sich die Chance, diesen Heimatwahlkreis zu übernehmen. Der Wahlkampf war nicht einfach, denn kurz vorher waren ja die Kreis- und die Gemeindereform über die Bühne gegangen, da gab es noch viele Wunden. Ich erinnere mich an eine Versammlung in Eberdingen-Nussdorf. Ich bemühte mich, unsere

Landespolitik plausibel vorzustellen, aber es herrschte eine finstere, eisige Stimmung in dem Saal voller Männer. Die Nussdorfer waren bitterböse, daß sie mit Eberdingen und Hochdorf zusammengeschlossen worden waren und nun ins Eberdinger Rathaus hinunter mußten. Sie waren sogar stinksauer. Mein Wahlkampfleiter, sprich mein Mann, sagte zum Schluß: „Jetzt muß ich Ihnen noch eine Wahlempfehlung geben. Ich kann Ihnen die Kandidatin Annemarie Griesinger nur ans Herz legen. Ich hab sie schon vor 25 Jahren gewählt und bin nicht enttäuscht worden. Also gebt Euch einen Ruck und wählet sie halt am nächsten Sonntag au." Dann stand der Finsterste von allen auf und sagte: „Des könnet mr uns überlege, mir müsset se ja bloß vier Jahr lang han."

Das hat die Stimmung aufgelockert. Wir sind noch zwei Stunden dort geblieben und haben über Politik kein Wort mehr gesprochen. Die Leute erzählten von früher, vom Krieg, von der Zerstörung des Ortes durch die Franzosen. Zum Schluß sind wir harmonisch auseinandergegangen. Manchmal kommt es eben mehr auf das Menschliche an als auf politische Schlagworte und Ideologien.

Die Landtagswahl wurde von der CDU gewonnen, und ich konnte meine Arbeit im Ministerium fortsetzen. Doch dann mußte Ministerpräsident Filbinger, den der Schriftsteller Rolf Hochhuth einen „furchtbaren Juristen" genannt hatte, im August 1978 zurücktreten. Darüber war ich sehr traurig. Filbinger war mit Gerhard Mayer-Vorfelder zusammen in Lateinamerika gewesen und in der Nacht zurückgekommen. Am frühen Morgen hatte ihn ein Journalist angerufen und gefragt, ob er sich an den Namen Walter Gröger erinnere. Filbinger, mit dem Kopf noch halb im Flugzeug, sagte: „Nein, daran kann ich mich nicht erinnern." Erst hinterher sagte ihm der Journalist, um wen es sich dabei handelte: um den fahnenflüchtigen Matrosen Gröger, den Filbinger 1945 als Marinerichter zum Tode verurteilt hatte. Die Überschrift in der Zeitung lautete dementsprechend: „Ich kann mich nicht mehr erinnern".

Filbinger hat uns in der Fraktion lückenlose Aufklärung versprochen und zwei treuherzige Mitarbeiter nach Norwegen geschickt, um die Vorgänge recherchieren zu lassen. Danach berichtete er uns sehr ausführlich über seine Zeit in Norwegen. Lothar Späth, der längst Innenminister war, sagte: „Wenn es so war, stehen wir zu Ihnen." Kaum zu Hause, hörte ich in den Nachrichten, daß es zwei oder drei weitere Todesurteile gab. Da hat Späth gesagt: „Jetzt können wir ihn wohl nicht mehr halten." Es war eine grausige Fraktionssitzung, in der Filbinger schließlich sagte: „Gut, dann gebe ich mein Amt ab."

Das Temperament von Lothar Späth

Bei der Entscheidung über den Nachfolger kam auch der überaus populäre Manfred Rommel ins Spiel. Aber viele von uns, auch ich, sagten, bei allem Respekt: „Wir können Manfred Rommel als Oberbürgermeister von Stuttgart und als Städtetagspräsidenten nicht verlieren." Ohne Rommel hätten unsere Chancen bei der nächsten OB-Wahl in Stuttgart schlecht gestanden. Außerdem konnte ich mir Manfred Rommel als Ministerpräsidenten schlecht neben dem quirligen Lothar Späth als Innenminister vorstellen. Das wäre wohl nicht gut gegangen. Ich habe damals gesagt: „Es wäre schön, wenn wir einen Skat mit vier Buben hätten: den umtriebigen Lothar Späth als Ministerpräsidenten, den toleranten Manfred Rommel als Stadtchef, den zuverlässigen Erwin Teufel als Fraktionsführer – und Hans Filbinger, der danach das Studienzentrum Weikersheim gründete, als älteren Staatsmann im Hintergrund."

Meine Hoffnung ging leider nicht auf. Filbingers Rat war bei seinen Nachfolgern nicht mehr gefragt, und bald gab er auch den Landesvorsitz der CDU ab. Ich habe das als Verlust empfunden, weil er ein sehr erfahrener, sehr besonnener Mann war.

Mit dem Nachfolger Lothar Späth kam ein neuer Stil in die Landespolitik. In den Sitzungen des Kabinetts Filbinger war es ja immer sehr geordnet zugegangen. So, wie der Sitzungsplan aufgestellt war, so wurde er abgearbeitet. Der Ministerpräsident hatte zugehört, nachgefragt, die Meinung und die Vorschläge seiner Minister oft akzeptiert. Bei Lothar Späth war das anders. Erstens kam er, entgegen seinem alten Wahlslogan „Lothar Späth kommt nie zu spät", nicht immer pünktlich in die Sitzungen. Alle Minister saßen schon da, wenn er aus seinem Arbeitszimmer hereinstürmte, sich setzte und dann oft sagte: „Ach, hör mal Annemarie, ich habe mir die Themenliste durchgesehen. Zu dem Punkt, den du heute vortragen willst, sollten wir noch eine Arbeitsgruppe einrichten. Und bei dir, Rudolf" – gemeint war Wirtschaftsminister Eberle – „müssen wir noch einmal ganz intensiv dahinter gehen." Das war sein Temperament, seine Mentalität, er sprach alle mit Vornamen an, war ungeduldig. Ich habe ihn einmal gefragt: „Lothar, sollen wir uns eigentlich noch auf die Sitzungen vorbereiten?" Finanzminister Guntram Palm und

Roman Herzog respektierte er, sonst hörte er oft nur mit einem halben Ohr zu und schoß manchmal schnell, wenn nötig aus der Hüfte.

Was Lothar Späth wirklich interessierte, waren die Finanz- und die Wirtschaftspolitik. Deshalb hat er den armen Rudolf Eberle furchtbar geschlaucht und ist ihm, obwohl der sich große Mühe gab, die fundierte Meinung seines Hauses vorzutragen, oft ins Wort gefallen: „Ach nein, Rudolf, das mußt du anders machen." Die Stimmung im Kabinett war mit der unter Filbinger, wo es ruhiger, stetiger zugegangen war, nicht zu vergleichen. Bei Lothar Späth war die Atmosphäre äußerlich kameradschaftlicher, aber immer von ihm dominiert.

Millionen aus der Matratze

Schmerzhafte Erfahrung hatte auch Finanzminister Robert Gleichauf zu machen. Lothar Späth hatte sich, um seine Projekte und Visionen finanzieren zu können, nächtelang mit seinen Finanzfachleuten im Staatsministerium über Gleichaufs Haushaltsentwurf gebeugt und alles vervespert, was er finden konnte. Damit ist er in die Fraktionssitzung gekommen und hat mitgeteilt, er habe „die Millionen gefunden", die von Gleichauf, diesem haushälterischen Mann, „in der Matratze versteckt" worden seien. Dann hat er seinem Finanzminister und uns klargemacht, „was sein muß." Das war eine äußerst unangenehme Sitzung, und wir waren alle der Meinung, daß das Gleichauf gegenüber nicht sehr fair gewesen sei.

Im Grunde genommen habe ich mich mit Lothar Späth dennoch gut vertragen. Ich kannte ihn schließlich noch aus der Zeit, als er in Bietigheim Bürgermeister war und als er zunächst mehr mit der SPD sympathisiert hatte als mit der CDU. Ich war auch nicht ganz unschuldig daran, daß er als unser Kandidat aufgestellt wurde. Und bei meinen Wahlkämpfen hat er mich tatkräftig unterstützt. Aber manchmal gab es auch Spannungen. Das muß man in der Politik aushalten. In die Sozialpolitik hat er mir kaum hineingeredet. Das war nicht sein Metier.

Ab nach Bonn?
1980 war wieder Landtagswahl, und ich habe ein gutes Wahlergebnis eingefahren. Darüber hat sich Späth, wie er mir erklärte, „sehr gefreut". Dann hat er uns bisherige Minister, einen nach dem anderen, zum Gespräch gebeten, um zu klären, wer weitermacht. Eduard Adorno, früher

parlamentarischer Staatssekretär im Bundesverteidigungsministerium, war bisher Bundesratsminister gewesen und hatte damit auch, in der Parteiarithmetik, das katholische Oberschwaben repräsentiert. Jetzt konnte Dietmar Schlee, der Landrat von Sigmaringen und Vorsitzende der CDU-Südwürttemberg, ein glorioses Ergebnis in seinem Wahlkreis holen. Folglich mußte er im Kabinett untergebracht werden.

Als ich zu Lothar Späth ins Zimmer kam, sah ich schon an der Art, wie er seine Zigarette rauchte, daß er nervös war. Ich sagte: „Was ist los Lothar? Hast du mit mir was anderes vor?" Er sagte: „Ich muß den Dietmar Schlee ins Kabinett nehmen." „Würdest du ihn am liebsten zum Sozialminister machen?" „Wenn du schon so fragst: Ich habe keine andere Chance. Zum Finanz- oder Innenminister kann ich ihn nicht machen. Außerdem wird Adorno aus dem Amt scheiden. Außer dir habe ich niemanden, der Bonner Erfahrungen hat. Du kennst die Leute dort – würdest du das nicht übernehmen?"

Ich war schon ziemlich überrascht, und ich habe gesagt: „Lothar, das ist im Gegensatz zum Sozialressort natürlich ein kleines Ministerium. Wenn du mir die Europa-Zuständigkeit dazugibst, überlege ich es mir. Aber zu allererst muß ich mit Heinz sprechen. Denn du weißt, es gibt nur einen Mann in meinem Leben, dem ich folge, das ist Heinz." Daheim sagte ich: „Der Lothar will, daß ich nach Bonn gehe." Da meinte Heinz: „Mach's. Mit Rückenwind arbeitest du bei Lothar besser als mit Gegenwind."

Natürlich ist es ist mir verdammt schwergefallen, aus dem Sozialministerium wegzugehen. Wir waren ja mitten im Aufbau der flächendeckenden Sozialstationen, es ging um die Zahlung des Landeserziehungsgeldes – und in der Behindertenarbeit hatte ich Pläne. Viele Baustellen waren noch offen.

Lothar, ich mach's
Jedenfalls hat mir Späth die Zuständigkeit für Europafragen zugesagt, und am anderen Morgen habe ich ihm Bescheid gegeben: „Gut, Lothar, ich mach's." Da ist er mir erleichtert um den Hals gefallen und hat gesagt: „Du kriegst auch einen Ministerialdirektor dazu." Das war Dr. Dieter Vogel. Und der war mir bei den Verwaltungsarbeiten eine ganz große Hilfe in Bonn.

So war ich dann plötzlich Minister des Landes für Bundesrats- und Europa-Angelegenheiten. Da

Ministerpräsident Lothar Späth ernennt Annemarie Griesinger 1980 zum Minister für Bundes- und Europaangelegenheiten. Interessierter Zeuge im Hintergrund: Finanzminister Guntram Palm

galt es, die aktuellen Plenums- und Ausschußsitzungen des Bundestags zu verfolgen, die Themen jeden Morgen um acht Uhr mit den Mitarbeitern zu besprechen, zusammenzufassen und in einem Bericht nach Stuttgart, direkt an Lothar Späth, zu schicken. Die Berichte hat Dieter Vogel verfaßt und mir so den Rücken freigehalten für andere Dinge. Vogel und ich haben immer gesagt: „Jetzt sind wir halt zwei Wanderschäfer, mit einem Pferch in Bonn und einem in Stuttgart."

Im Bonner Pferch hatte ich zuverlässige Mitarbeiter. Treu begleitet wurde ich von meinem Persönlichen Referenten, Roman Petrusek, auf vielen Autofahrten unfallfrei gefahren von Gerhard Schneider, der später auch meine Nachfolgerin im Sozialministerium, Barbara Schäfer-Wiegand, sicher chauffiert hat.

Ich will das einmal deutlich sagen: Politiker können ihre verantwortungsvolle Arbeit nur leisten, wenn sie einsatzfreudige Mitarbeiter haben. Dieses Glück hatte ich sowohl im Stuttgarter Ministerium als auch in der Bonner Landesvertretung, und das reichte von den Ministerialdirektoren über die Sachbearbeiter bis zu den Sekretärinnen. Besonders galt das für die Persönlichen Referenten. Ich bin froh, sagen zu können,

*Ganz große Koalition: Annemarie Griesinger
mit Hans-Dietrich Genscher, FDP (links), und
Johannes Rau, SPD*

daß diese engsten Mitarbeiter jeweils die ganzen dreimal vier Regierungsjahre tapfer durchgehalten haben. Alle sind sie danach etwas geworden. Curt Becker wurde Oberbürgermeister in Naumburg und dann Justizminister in Sachsen-Anhalt. Dr. Roland Gerschermann ist Geschäftsführer der FAZ GmbH und auch Geschäftsführer der Frankfurter Societäts-Druckerei. Roman Petrusek ist seit mehr als einem Jahrzehnt Geschäftsführer der Bundesvereinigung der Landesentwicklungs- und Immobiliengesellschaften in Berlin, und Dieter Hauswirth wurde erfolgreicher Oberbürgermeister in Metzingen.

In Bonn war mir die Arbeit als Landesbeauftragte für Europangelegenheiten sehr wichtig. Um zu wissen, was uns Europa bringt, haben wir vierteljährliche Symposien zu Fachthemen mit den Europaabgeordneten, den Bundes- und Landtagsabgeordneten aus Baden-Württemberg abgehalten und dazu mit den Ministerialbeamten aus Brüssel, Bonn und Stuttgart. Nach stundenlanger Arbeit kamen danach, bei Essen und Trinken, menschliche Kontakte zustande, die für die weitere Arbeit wichtig waren. Ich konnte auch London, Rom und Paris besuchen. Und ich war immer wieder Gastgeberin in unserer Landesvertretung und konnte dort das Handwerk, die Industrie, die Kultur, das Sozialwesen in einer sympathischen Weise darstellen. Wir bemühten uns um ein unbürokratisches Europa der Regionen – mit Baden-Württemberg, Rhone-Alpes, der Lombardei und Katalonien.

Zwischen den Fronten
Hin und wieder gelang es auch, in unserer Landesvertretung verhärtete Fronten aufzulockern.

Es gab da einmal, Anfang der achtziger Jahre, eine erbitterte Auseinandersetzung im Vermittlungsausschuß. Ein Teil der SPD-Leute sagte, man müsse das Problem sofort mit Bundeskanzler Helmut Schmidt besprechen. Der Rest, einschließlich des nordrheinwestfälischen Ministerpräsidenten Heinz Kühn, blieb bei uns. Es gab nichts zu essen und zu trinken, das Bundestagsrestaurant hatte geschlossen, alle waren verdrossen und hungrig. Da bin ich hinübergefahren zu unserer Landesvertretung, habe meinen Hausmeister rausgeklingelt und gesagt: „Wir müssen schnell Saitenwürstle heißmachen und Brote streichen." Wein und Bier haben wir auch mitgenommen. So konnten wir meine Abgeordnetengruppe, die Beamten, ja sogar die wartenden Journalisten verköstigen. Und die andere Gruppe, die schließlich hungrig von Schmidt herüberkam, kriegte auch noch etwas zu essen und ein Glas Wein oder ein Bier. So gelang morgens um vier Uhr, während draußen schon die Vögel pfiffen, doch noch eine einvernehmliche Entscheidung.

Es war nicht meine politische Einflußnahme gewesen, die diese Lösung zuwege gebracht hatte, sondern eine praktische Hausfrauenentscheidung: Leib und Seele gehören eben zusammen. Wenn wir hungrig und narret aufeinander einschlagen, gibt es keinen Kompromiß. Aber wenn der Magen halbwegs gefüllt ist und die Stimmung beruhigt, dann ist eine Einigung viel leichter. Das haben hinterher nicht nur Arbeitsminister Herbert Ehrenberg und der rheinlandpfälzische Ministerpräsident Bernhard Vogel anerkannt, sondern auch Kanzler Helmut Schmidt.

Für meine Tätigkeit als Bundesratsministerin war es auch nicht ungünstig, daß ich, wie mein Mann, gerne Skat spiele. Ich habe manchmal auch mit Lothar Späth gespielt. In Bonn saß er nach Bundesratssitzungen oft im Schwarzwaldstüble unserer Landesvertretung, zusammen mit Hans Koschnick aus Bremen und Johannes Rau, dem damaligen Ministerpräsidenten von Nordrhein-Westfalen und späteren Bundespräsidenten. Die haben Skat geklopft bis in die Nacht hinein, und ich habe den Kiebitz gemacht. Die beiden Sozialdemokraten waren meist so klug, Lothar Späth gewinnen zu lassen. Ich weiß nicht, ob er das gemerkt hat. Egal, dann war die Stimmung gut, und es ließ sich vieles lockerer verhandeln.

Auf ein gutes 1984 – Annemarie Griesinger,
Bundespräsident Karl Carstens (links), Bayerns
Ministerpräsident Franz Josef Strauß, der dem
Bundesrat vorstand

Abschied mit Schäfern
Im Herbst 1982 kam das konstruktive Mißtrauensvotum gegen Helmut Schmidt und der Regierungswechsel zu Helmut Kohl, es nahte das Jahr 1984 mit der Landtagswahl in Baden-Württemberg. Eines Tages hatte ich die Gelegenheit, mit Lothar Späth im Hubschrauber zu einem Empfang nach Bonn zu fliegen. Das war ein günstiger Moment, denn ich hatte den vielbeschäftigten Mann einmal unter vier Augen vor mir. Ich sagte

ihm: „Lothar, du mußt dir eine neue Ministerin suchen." Ich hatte das mit meinem Mann so besprochen, auch weil ich sechzig Jahre alt wurde. Späth fragte: „Ja, warum, willst du denn nimmer?" „Nein." „Ja, willst du nicht noch die Hälfte der nächsten Legislaturperiode machen? Dann könntest du immer noch aufhören." „Lothar, ich habe Günther Oettinger als Zweitkandidaten, und ich möchte, daß er mein Nachfolger wird. Der soll durch einen Wahlsieg in den Landtag kommen und nicht als Nachrücker für eine Abgeordnete, die aufgibt." Und ich fügte hinzu: „Lothar, mach dir um mich keine Sorgen. Ich sag dir dann schon, was ich danach mache. Aber ich bitte dich von Herzen, halt den Mund." Das hat er getan, und es war wichtig, daß das fair abgelaufen ist.

Dann kam der Tag des Abschieds von Bonn, vom Ministeramt, von der Politik. Die Offiziellen wollten eine große Feier für mich machen, aber ich sagte: „Kommt nicht in Frage. Ich weiß etwas Besseres." Ich wollte schon lange einmal unsere baden-württembergischen Schäferlaufstädte in der Bundeshauptstadt vorstellen, und das war die Chance dazu. So kamen die vier Königspaare aus Heidenheim, Markgröningen, Urach und Wildberg in die Landesvertretung, dazu die Schäfertänzer. Wir waren in Kostümen, draußen haben wir einen großen Schafstall aufgebaut. Richard von Weizsäcker hatte gerade Karl Carstens als Bundespräsident abgelöst, und Carstens kam zu uns, dazu viele Politiker, Bürgermeister, Botschafter, Beamte und Journalisten. Es war ein großes schwäbisches Volksfest mit über tausend Leuten.

Ich war so dankbar, daß ich bei meinem Abschied klarmachen konnte: Es kommt auf uns einzelne Personen und Politiker gar nicht so an – es kommt viel mehr darauf an, was wir repräsentieren, wen wir vertreten. So ist es wunderbar gelungen, in Bonn ein Stück baden-württembergischer Kultur und Tradition zu demonstrieren. Das war für mich das schönste Abschiedsgeschenk. Dann durfte die Wanderschäferin beruhigt zurückkehren in den heimatlichen Stall.

Ein Leben nach der Politik

Ich sage es offen: Leicht ist mir der Abschied aus der aktiven Politik nicht gefallen. Aber ich war mit meinem Mann immer einig gewesen in der Devise „Lieber ein Jahr zu früh aus dem Amt scheiden als eine Stunde zu spät." Ich wollte auch mit meinem persönlichen Handeln zeigen, daß es ein Leben nach der Politik gibt – mit neuen Aufgaben.

Die gab es in Hülle und Fülle. Ich hatte schon immer, als Abgeordnete wie als Ministerin, eine starke Verbindung zu den Behindertenverbänden. Zum Beispiel zur „Bundesvereinigung Lebenshilfe" für geistig Behinderte. Die war von dem holländischen Lehrer Tom Mutters gegründet worden. Er hatte von den Vereinten Nationen den Auftrag erhalten, sich um sogenannte Displaced Persons zu kümmern, um Kinder von KZ-Häftlingen und um Flüchtlingskinder. Und er hat sich auch der behinderten deutschen Kinder angenommen und für sie Schulen, Kindergärten organisiert. Mit der Hilfe von Freunden nahm so die „Lebenshilfe", einen großen Aufschwung. In den achtziger Jahren kam Tom Mutters, der Bundesgeschäftsführer der „Lebenshilfe" zu mir in die Landesvertretung nach Bonn: „Frau Griesinger, wären Sie nicht bereit zu kandidieren? Als Ministerin a. D. wäre das doch eine gute Sache." Ich habe zugesagt – und war danach zwölf Jahre lang die ehrenamtliche Bundesvorsitzende der „Lebenshilfe", und zwar ohne Sekretärin und ohne Freifahrschein. Die wollten mir zwar eine Erste-Klasse-Fahrkarte zahlen, aber ich habe gesagt: „Ihr wirtschaftet mit Spendengeldern. Von heute an fahre ich zweiter Klasse." Dabei ist es geblieben.

Nebenbei ist es mir gelungen, daß in die baden-württembergische Landesvertretung in Bonn schon sehr früh ein behindertengerechtes Klo eingebaut wurde. Eine Nebensache? Nein, schließlich sollten auch Rollstuhlfahrer unsere Veranstaltungen besuchen können. So haben wir eine Besenkammer umgebaut, eine Rampe angelegt. Da war ich stolz darauf. Ich konnte nicht ahnen, daß später auch mein Parteifreund Wolfgang Schäuble den Segen dieser Installation nutzen sollte und mußte – nachdem ihn 1990 ein Attentat querschnittgelähmt in den Rollstuhl gezwungen hatte.

Ideen aus Übersee
Auf die Idee war ich während meiner Zeit als Arbeitsminister gekommen, als ich vom US-Sta-

te-Department eingeladen worden war. Meine Gesprächspartner konnte ich mir selbst aussuchen. Zuerst bin ich zu dem großen, in Wien geborenen Psychologen und ehemaligen KZ-Häftling Professor Bruno Bettelheim nach Chicago gegangen, der es geschafft hatte, verwahrloste Jugendliche wieder auf einen guten Weg zu führen. Und zwar nach seinem Motto: „Wenn Gott es zuläßt, daß Menschen Menschen körperlich und seelisch kaputtmachen, dann muß es Gott auch ermöglichen, daß Menschen Menschen aufrichten können." Bettelheim hat den Bestseller „Kinder brauchen Märchen" und mehrere andere erfolgreiche Werke geschrieben und mich mit seiner positiven Art tief beeindruckt.

Zweitens konnte ich mit jenem Beamten des State Departments sprechen, der es bei den Gouverneuren aller US-Staaten durchgesetzt hatte, Naturparks behindertengerecht zu gestalten und in öffentlichen Gebäuden behindertengerechte Toiletten einzubauen. Er war selbst Spastiker, konnte nur mühsam sprechen. Ich besuchte ihn an seinem letzten Arbeitstag und habe ihm versprochen, in Baden-Württemberg alles daranzusetzen, um seine gute Idee zu verbreiten.

Zu Hause habe ich dann mit dem Landkreistag und den Behindertenverbänden einen Wettbewerb ausgeschrieben. Er hieß „Die behindertengerechte Gemeinde" und war sehr erfolgreich – vor allem für die Menschen mit einem Handikap.

Ich habe mich auch stark für die Rheuma-Liga engagiert. Sie entstand während meiner Ministerzeit. Ziel war es, Rheumakranken über die Krankenkassen bessere Therapiemöglichkeiten anzubieten – da ging es um Trocken- und Warmwassergymnastik. Beide Landesversicherungsanstalten haben sich engagiert, und ich habe gern die Schirmherrschaft übernommen. Schon deshalb, weil ich von Jugend an selbst unter Muskelrheuma leide.

Ehrenamtlich habe ich auch den Vorsitz der Europa-Union übernommen, auch über 1984 hinaus. Im lokalen Umfeld habe ich dem Freundeskreis der Markgröninger Helene-Lange-Schule vorgestanden – aus alter Verbundenheit. Gerhard Mayer-Vorfelder hat sie in seiner Zeit als Kultusminister auflösen wollen, weil das Internat angeblich nicht mehr nötig war. Die FDP folgte ihm dabei, Teile der CDU auch, aber Landrat Ulrich Hartmann und andere Mitstreiter – darunter auch mein Mann als Kreisrat – haben zu meiner Freude einen Zweckverband durchgesetzt. Schließlich engagiere ich mich für den Förderverein des Behindertenheimes, das der Landeswohlfahrtsverband in Markgröningen unterhält.

Für meine beruflichen, mehr noch für meine ehrenamtlichen Tätigkeiten haben mich freundliche Menschen geehrt. Unter anderem wurde ich mit der Landesmedaille des Landes Baden-Württemberg dekoriert. Zum 60. Geburtstag bekam ich das Große Bundesverdienstkreuz mit Schulterband. Mit dieser Überraschung kam damals Lothar Späth daher. Womit ich nie gerechnet hatte, war, daß ich Offizier der Französischen Ehrenlegion wurde, weil ich mich für die deutsch-französischen Gemeindepartnerschaften eingesetzt hatte.

Die Amerikaner haben mich sogar zum Ehren-Colonel befördert. Das war die Belohnung dafür, daß ich als Kabinettsmitglied ein Manöver besucht hatte. Bei dieser Gelegenheit durfte ich als durch und durch ziviler Mensch nicht nur über viele militärische Techniken staunen, ich habe auch eine wunderschöne Militärjacke bekommen, samt den dazugehörigen Sternen und dem Namensschild. Diese Jacke war für mich später die beste Jagd-Kleidung – sie hatte die ideale Tarnfarbe. Der Landesjagdverband hat mir sogar seine goldene Nadel verliehen. Allerdings hält mein Mann diese Auszeichnung bis heute für ziemlich unverdient – ich komme noch auf meine Jagdkarriere zu sprechen. Und dann bin ich Ehrenbürgerin meiner Heimatstadt Markgröningen – sozusagen als Nachfolgerin meines Vaters Hermann Roemer, dem diese Ehre vor mir zuteil geworden ist. Ich war gerührt, daß der Beschluß im Gemeinderat einstimmig fiel. Die Laudatio hielt ein alter Freund, der Schulamtsdirektor Gerhard Liebler, ein engagierter SPD-Mann, der in unserer Nachbarschaft wohnt.

Das alles hat mich sehr gefreut. Aber: ich trage aus Prinzip keine Orden und Ehrenzeichen. Ich müßte mir ja, wie ein alter Sowjetoffizier, extra ein Band machen lassen, um die Auszeichnungen stolz auf der Brust zu tragen. Nein, da regt sich in mir die Tradition des evangelischen Pfarrhauses. Ehrungen kann man annehmen, aber man muß sie nicht dauernd vorzeigen. Wenn ich etwas anstecke, dann die goldene Ehrennadel der Landfrauen – die „goldene Biene". Das reicht.

Riecher für Talente
Worüber ich mich heute noch freue, ist der Umstand, daß ich einige hochbegabte junge Politiker fördern konnte. Zum Beispiel Matthias Wissmann, den einstigen Hockeyspieler, Bundesvorsitzenden der Jungen Union und späteren Bundesverkehrsminister.

Begegnet bin ich ihm, als ich als Bundestagsabgeordnete mit Schülern des Ludwigsburger Schiller-Gymnasiums sprach. Ich hatte vor den angehenden Abiturienten über unsere Politik für die Bundespolitik referiert, und in der anschließenden Diskussion tat sich ein lebhafter junger Mann besonders hervor: Matthias Wissmann. Weil mir seine aufgeweckte Art gefiel, habe ich ihn danach gefragt, was er einmal werden wolle. „Jurist", sagte er. „Wollen Sie nicht vielleicht in Bonn Ihr Studium beginnen, ich hätte die Möglichkeit, Sie als Halbtagsassistenten anzustellen. Da lernen Sie Politik und Politiker kennen." Am anderen Tag hat er Ja gesagt, nahm bald darauf sein Studium in Bonn auf und wurde bei mir politischer Assistent. Er hat mir vorbildlich meine Besuche in den Gemeinden und meine Wahlkreisarbeit vorbereitet. Und er hat gute Zeitungsberichte über meine Visiten bei den

Auch 2003 geht nichts über den Markgröninger Schäferlauf und eine lustige Fahrt in der Festkutsche

Bürgermeistern und ihren Gemeinden geschrieben.

Allerdings hat mich eines Tages mein Mann auf einen kleinen Schönheitsfehler aufmerksam gemacht: „Die Berichte, die der junge Mann schreibt, sind gut. Aber da kommt häufiger der

Name Wissmann darin vor als der Name Griesinger. Da heißt es dann: ‚Matthias Wissmann sagte: Doppelpunkt, und so weiter'." Ich habe Matthias auf diesen Umstand aufmerksam gemacht. Da hat er, wie es seine Art ist, ganz fröhlich und offen reagiert: „Ja, Frau Griesinger, verzeihen Sie mir, aber ich lese einfach meinen Namen so gern in der Zeitung." Das war so entzückend, daß wir beide lachten, aber künftig änderte er die Reihenfolge. So fand er seinen Einstieg in die Politik, und ich habe gern an seiner politischen Wiege gestanden.

Dann Günther Oettinger, der Nachfolger von Erwin Teufel als Ministerpräsident. Als Landtagsabgeordnete hatte ich zunächst nur den Kontakt zu meinem Zweitkandidaten Richard Zink, dem damaligen Ludwigsburger CDU-Kreisvorsitzenden. Günther Oettinger aus Ditzingen war damals Student, ein Mann der Jungen Union. Natürlich hatte ich Verbindungen zur Jugendorganisation der Partei, aber er war mir bisher nicht besonders aufgefallen. 1980 änderte sich das. Oettinger hatte sich inzwischen zu einem sehr flotten, engagierten jungen Politiker entwickelt, und ich habe ihn gefragt, ob er nicht die Zweitkandidatur in meinem Wahlkreis übernehmen wolle – ohne Garantie auf Erfolg. Es gab auch andere Kandidaten, aber Oettinger wurde von den Delegierten gewählt, dank einer guten Vorstellung und auch dank der Stimmen seiner vereinten Jungunionisten.

Danach war er sich auch für die Kleinarbeit in meinem Abgeordnetenbüro nicht zu schade: Parteiversammlungen vorbereiten, Korrespondenz mit Wählern führen, Gruppenbesuche im Landtag organisieren. Das hat er gut gemacht, und so entwickelte sich eine Freundschaft, auch mit Oettingers Eltern. Oettinger ist wegen der Art, wie Ministerpräsident Erwin Teufel verabschiedet wurde, kritisiert worden. Nach meiner Überzeugung hat er jedoch viele Jahre lang loyal hinter Teufel gestanden – loyaler als mancher seiner Vorgänger zu ihren jeweiligen Ministerpräsidenten. Aber allen war klar, daß ein Generationswechsel fällig war. Daß Erwin Teufel seine damalige Kultusministerin Annette Schavan als seine Favoritin benannt hat, hat auch mit religiösen Präferenzen zu tun – die gibt es ja in der CDU noch immer. Aber es war vorbildlich, daß und wie Oettinger sich dem Wettbewerb gestellt hat. Die Art, wie die beiden im parteiinternen Wahlkampf miteinander umgegangen sind, bedeutete keine Spaltung, sondern einen Gewinn für die CDU.

Mit dem Weinvogt im Bett
Manche Bürger pflegen gern das Vorurteil, Politikern werde es in vielen Dingen leicht gemacht. Das stimmt nicht. Der Grat, auf dem wir wandeln, ist schmal. Ich will das an zwei, drei Beispielen belegen.

Ich war in meiner Ministerzeit zu einer Prunksitzung der Stuttgarter Zigeunerinsel in der Liederhalle eingeladen. Mit von der Partie waren auch die Cannstatter Kübler; sie waren alle in Nachthemden und Zipfelmützen gekleidet und hatten ein Bett auf die Bühne gestellt. Ich saß im langen Abendkleid im Parkett, als ein Hemdenmatz auf mich zustürmte und mich auf die Bühne holte. Ich mußte mich ins Bett legen und der dicke Weinvogt Zaiss hat sich dazu gelegt. Alles war da: Bettflasche und Pottschamber, und als Zugabe hat das Gestell ordentlich gekracht. Als ich wieder aufstand und mir die Bettfedern abklopfte, fragten mich die Kübler, wie es mit Zaiss im Bett gewesen sei. Peinlich? Nein, mir fiel glücklicherweise eine Antwort ein: „Ich hab an meine Jugend gedacht und festgestellt: meine fünf

*Fröhliche Partner: Annemarie und Heinz Griesinger.
Dahinter CDU-Nachwuchstalent Günther Oettinger*

Brüder waren genauso frech wie ihr." Jubel, Beifall.

Zwei Tage später war Faschingsumzug in Stuttgart. Ich lief vom Neuen Schloß zu Oberbürgermeister Manfred Rommel auf die Rathaustreppe, und überall riefen mir die Leute zu: „Hallo, Annemarie, war's schön im Bett? War's schön im Bett? Hallihallo." Ich ahnte: hätte ich hilflos reagiert, würden mich die Leute jetzt verspotten. Eine schwarze Politikerin, eine Ministerin, die keinen Spaß versteht? So was Doofes.

In der nächsten Kabinettssitzung kam Hans Filbinger zu mir: „Frau Arbeitsminister, das ist ja noch mal gut gegangen." „Wieso?" „Ich hab mir die Sendung nach einer Wahlversammlung angeschaut, und ich habe gedacht: Glücklicherweise hat sie's gut gemeistert. Gratulation." Aber mir war klar: Das hätte auch ganz anders ausgehen können. Ich weiß nicht, wie die Medien auf einen Ausrutscher reagiert hätten.

Ein anderes Beispiel. Ich war gerade Ministerin geworden, wollte aber nicht, daß mein Fahrer einen ganzen Samstag opfern muß. Also bin ich mit meinem alten Auto zu einer Veranstaltung nach Marbach gefahren. Zurück in Markgröningen war ich noch ganz in Gedanken – und ein bißchen zu schnell. Ein Bub fuhr mir mit seinem Fahrrad gegen den Kotflügel meines Wagens, stürzte und schlug sich das Bein auf. Ich erfuhr, daß der Junge der Enkel meiner früheren Putzfrau war und sagte: „Alfred, komm, ich bring dich zum Arzt." Einem Mann, der dabeistand, rief ich zu: „Bleiben Sie bitte hier, bis die Polizei kommt, ich bin gleich zurück."

Doch wer stürmte da Minuten später die Praxis des Kinderarztes? Die Polizei. Die Beamten unterstellten mir, ich hätte Fahrerflucht begehen wollen. Ausgerechnet ich – wo mich in Markgröningen doch jedes Kind kennt! Ich bin zu einem Anwalt gegangen, um die Sache geradezurücken, aber der hat nur die Schultern gezuckt und gesagt: „O je, Sie sind doch jetzt Ministerin geworden. Dann wird das schwierig. Dieses Mandat übernehme ich lieber nicht." Er hatte einfach Schiß davor, daß die Medien den Fall in den falschen Hals kriegen könnten. Also habe ich eben resigniert und gezahlt. Als ich später, bei einer anderen Gelegenheit, einen der beiden Polizeibeamten traf, sagte der: „Wir haben uns, weil Sie Ministerin waren, zu besonderer Strenge verpflichtet gefühlt. Alles andere hätte man uns als Begünstigung ausgelegt." Keine Spur von einem Politikerbonus, eher das Gegenteil.

Bloß keine Schauprüfung
Die Geschichte mit meinem Jagdschein lief so ähnlich. Mein Mann ist seit vielen Jahren leidenschaftlicher Jäger. Ihm zuliebe habe ich 1966 auch den Jagdschein gemacht. Das hatte deshalb ein Gerüchle, weil kurz vorher der CSU-Vorsitzende Franz Josef Strauß ihn ebenfalls erworben hatte – ausgerechnet in Gifhorn in Niedersachsen. Das war das einzige Bundesland, in dem man vor der Prüfung keinen Kurs absolvieren mußte, sondern nur seine praktischen Fähigkeiten nachzuweisen brauchte. Natürlich hat es Strauß geschafft, aber prompt gab es in den Medien die üblichen Verdächtigungen.

Als bei mir die Prüfung nahte, sagte der damalige Kreisjägermeister Dietz von Ludwigsburg, ein älterer Herr: „Frau Griesinger, ich muß Sie besonders streng prüfen. Sie sind Bundestagsabgeordnete – wir können uns hier keine Schauprüfung à la Strauß leisten." Den Kurs, die schriftliche Prüfung hatte ich hinter mir, bei der praktischen Prüfung mußte ich in einem Revier bei Großbottwar durch den Wald marschieren und

Was dem einen die Dienstmütze, ist der anderen der Jägerhut. Annemarie Griesinger 1983 mit dem Leiter der Polizeidirektion Ludwigsburg, Dietmar Markus

einige Fragen beantworten. Dann hat mich Dietz auf einen Hochsitz gesetzt und fragte im Kreis der Prüfer: „Was haben Sie für eine Patrone in der Waffe?" Ich sagte es ihm. „Gut, ich bin der Bock. Wie weit bin ich weg?" Ich sagte es ihm. „Warum drücken Sie nicht ab?" Mir fiel Gott sei Dank das richtige ein: „Lieber kapitaler Bock, wie gerne würde ich Sie erlegen. Aber leider habe ich keinen Kugelfang." Die Kugel darf ja, wenn sie ihr Ziel verfehlt, keine freie Bahn haben und womöglich Menschen gefährden. „Hurra", rief der Kreisjägermeister, „Sie können abbaumen, Sie haben bestanden." Unten angekommen, drückte er mir die Hand und sagte: „Wenn Sie diese Antwort nicht gegeben hätten, hätte ich Sie durchfallen lassen müssen."

Später hatte ich zufällig eine Wahlversammlung in Gifhorn. Als ich die Zuhörer begrüßte, sah ich in der ersten Reihe zwei ältere Herren mit dem Jagdabzeichen am Revers. Ich begrüßte sie besonders: „Wie schön, daß ich hier Jagdgenossen vor mir habe. Aber bei meiner eigenen Prüfung konnte ich mir keine Gifhorn-Methode leisten wie Franz Josef Strauß." Da sagte der Sitzungsleiter und CDU-Vorsitzende: „Pardon, aber das war ein wenig anders – ich bin nämlich der

Kreisjägermeister. Wir hatten noch nie einen so kompetenten, kenntnisreichen Jungjäger wie Franz Josef Strauß. Ich bin stolz darauf, daß er bei mir die Prüfung gemacht hat."

Eigentlich hätte ich danach gar keine Rede mehr halten müssen, so entspannt war die Stimmung. Später hat der berühmte Bonner Journalist Walter Henkels einen Artikel über mich betitelt: „Jägerin, schlau im Sinn." Aber was heißt schon Jägerin? Ich habe zwar gern den grünen Hut getragen, aber ich habe nur einmal einen kleinen, abschußreifen Bock bei Dottingen erlegt – mit einem vorbildlichen Treffer. Das war sozusagen mein erstes und letztes Meisterstück. In Wahrheit erlebe ich das Wild viel lieber lebendig als tot. Deshalb habe ich zu meinem Mann gesagt: „Du schießt künftig die Böcke in Wald und Feld und ich in Bonn und Stuttgart." So haben wir es gehalten. Heinz konnte seine Trophäen stolz präsentieren, ich habe meine in den Zeitungen verschwinden lassen.

Vögel und Maultaschen

Apropos Wild: neben den Geweihen all der Hirsche und Böcke, die mein Mann erlegt hat, hängt bei uns zu Hause auch ein Grünspecht an der Wand. Der hat seine eigene Geschichte.

Eines Tages sind mein Fahrer Herbert Hinteregger und ich bei scheußlichem Wetter von Markgröningen über die Solitude ins Amt nach Stuttgart gefahren. Plötzlich bremste er, stieg aus und kam patschnaß wieder rein – mit einem toten Grünspecht in der Hand. Der hatte nur am Schnabel ein wenig Schweiß, also Blut, sonst war er unbeschädigt. Hintereggers Kommentar: „Frau Minischter, den kriegt der Chef."

Kurz vorher hatte ich mit meinem Mann beraten: „Heiner, wir müssen dem Herrn Hinteregger zu Weihnachten etwas Besonderes schenken." Ich wußte, daß kurz vorher Stadtstreicher sein Weinberghäusle bei Esslingen aufgebrochen und seine Lieblingstrophäe, einen ausgestopften Eichelhäher, gestohlen hatten. Dieser Verlust tue ihm am meisten weh, hatte er geklagt. Also hat Heinz einen schönen Eichelhäher geschossen, was man damals noch durfte, und ein bekannter Wildbiologe hat den Vogel präpariert.

Dann kam Weihnachten. An Heiligabend hat Hinteregger mich heimgefahren, und ich wollte ihn gerade zum alljährlichen kleinen Gabentisch bitten, da sagte er: „Frau Minischter, würden Sie ausnahmsweise ihre Aktentasche selbst tragen?" Er schleppte dafür ein Riesenpaket in unsere Wohnung. Als sich die beiden Männern in der Weihnachtsstube begegneten, sagte mein Mann: „Herr Hinteregger, das ist mein Geschenk für Sie", und übergab ihm sein Paket. Und Hinteregger sagte: „Herr Professor Griesinger, das ist mein Geschenk für Sie."

Dann haben sie in derselben Sekunde, hier der eine, dort der andere, ihre Pakete aufgemacht – und jeder hatte seinen Vogel. Der eine seinen Specht, der andere seinen Häher. Es war ein Bild für Götter. Beide waren glücklich. Und bis heute erinnert uns der Grünspecht an der Wand an diesen fürsorglichen Mann, der längst nicht mehr unter den Lebenden weilt.

Tradition in Gefahr

Man kann in der Politik noch so große Gewichte stemmen – die Leute erinnern sich an die praktischen Dinge. Zum Beispiel daran, wie ich die schwäbische Maultasche gerettet habe. Als

Arbeitsminister traf ich mich immer wieder mit meinen Kollegen aus den anderen Bundesländern zu Sitzungen. Eines Tages sagte einer meiner Mitarbeiter: „Vorsicht, da kommt eine neue Hackfleischverordnung aus Brüssel auf uns zu, die könnte für unsere schwäbischen Maultaschen gefährlich werden. Die Metzger sollen nämlich das Brät nicht mehr roh, sondern nur noch gebrüht verkaufen." Mir war sofort klar: Das wäre das Ende unserer Jahrhunderte alten Maultaschen-Tradition gewesen. Soweit durfte es nicht kommen. Also mußte ich die anderen Arbeitsministerkollegen auf meine Seite bekommen, wegen der Gewerbeaufsicht und wegen des Wirtschaftskontrolldienstes.

Deshalb haben wir uns neue, vernünftige Formulierungen für die Verordnung einfallen lassen, und ich habe so lange auf die Herren Kollegen eingeredet, bis sie Einsicht zeigten. Ich mußte ihnen allerdings versprechen, bei der nächsten Arbeitsministerkonferenz Maultaschen zu servieren – und Maultaschenrezepte für ihre Frauen mitzubringen.

Glücklicherweise ging im Bundesrat alles gut, und so haben wir den Arbeitsministern bei ihrer 50. Konferenz im September 1978 im Ludwigsburger Schloßhotel Monrepos Maultaschen samt einem Rezeptbüchlein aufgetischt. Dumm nur, daß Bundesarbeitsminister Herbert Ehrenberg den Genuß versäumen mußte. Sein Hubschrauber war nicht, wie geplant, in Bietigheim-Bissingen gelandet, sondern in Bietigheim in Baden. Bis er auf Umwegen bei uns eintraf, waren die Maultaschen aufgegessen. Die Karnevalsgesellschaft Titzo in Ditzingen hat mir später einen Orden verliehen – als „Retterin der Maultasche". Alle Zeitungen feierten den Erfolg. Nicht nur schlechte Nachrichten sind gute Nachrichten.

Frauen tragen Verantwortung
Ich habe meinen Weg in die Politik nie bereut. Wenn ich heute einer jungen, politisch interessierten Frau raten müßte, wurde ich sagen: „Mach deinen Weg. Gestalte nicht nur dein eigenes Leben, setz dich auch dafür ein, daß das Leben der anderen erträglicher wird. Wir Frauen haben eine genauso große Verantwortung wie die Männer. Und wenn wir Frauen in die Verantwortung gerufen werden, dürfen wir uns nicht verweigern. Wir müssen nicht nach dem Motto ‚Karle gang weg, laß mi na' die Ellbogen ausfahren, uns nach vorn drängen. Aber unsere Frau stehen, das können wir allemal."

Allerdings, Politik ist schwieriger geworden, seit wir in einer Mediendemokratie leben. Die Erwartungen an die Abgeordneten sind ungeheuer hoch, die moralischen Maßstäbe auch. Durch die einzige Überschrift eines Journalisten kann man zur Hölle verdammt oder in den Himmel gehoben werden – ohne selbst etwas dafür zu können. Politiker von heute stehen immer im Scheinwerferlicht und werfen dementsprechend harte Schatten. Das hält man nur aus, wenn man Menschen um sich hat, denen man vertrauen kann. Was ich der jungen Politikerin sonst noch sagen würde? „Sie müssen immer den Mut zur Unvollkommenheit haben." Denn auch in der Politik ist niemand perfekt.

Meine persönliche Erfahrung ist, daß bei uns Frauen der politische Einsatz nur dann gutgehen kann, wenn daheim alles stimmt. Als erstes muß der Partner dazu Ja sagen. Zum zweiten müssen Menschen da sein, die den Haushalt weiterführen und die Familie zusammenhalten. Nur wenn die Heimat gewährleistet bleibt, können wir uns mutig weit hinauswagen, ohne daß die persönlichen Verbindungen zerbrechen. Auch hier haben mein Mann und ich großes Glück gehabt. Die Zwillingsschwestern Bertl und Burga Bönsch waren für uns dieser Glücksfall. Bertl zog in unser Haus und half, sooft sie konnte, neben ihrer Berufstätigkeit im Haus und im Garten. Die Küche war von Anfang an ihr Reich. Heute leben wir frohgemut als Pensionäre in der Gartenstraße 29. Burga Bönsch war als Sekretärin für eine Reihe von Jahren meine engste Mitarbeiterin. Sie betreute später vorbildlich ihre alternden Eltern in Weil der Stadt. Mit der ganzen Familie Bönsch verbindet uns bis heute eine herzliche Freundschaft.

Demokratie und nasse Füße
Ich sage jedem, der in die Politik gehen will: Man muß in einem guten Boden wurzeln, wenn man sich diesem schwierigen Geschäft widmen will. Und man darf nie vergessen, Politik ist Machtkampf. Wer in eine Partei eintritt, wird auch haftbar gemacht für Aussagen seiner Freunde, ob sie ihm nun gefallen haben oder nicht. Originelle Köpfe haben es immer schwerer – siehe Rita Süßmuth, siehe Horst Seehofer. Der frühere US-Botschafter Walters hat es mir gegenüber einmal so ausgedrückt: „Demokratie ist wie ein stabiles Floß. Auf den zusammengebundenen Baumstämmen können Sie nie untergehen. Nur leider haben Sie dabei immer nasse Füße."

Für mich war und ist der gute Kontakt zu Menschen wichtig. Manchmal haben die Leute über mich gelächelt, wenn ich mich vor einem Festakt erst bei den begleitenden Polizisten bedankte, ehe ich die Prominenten begrüßte. Oder wenn ich Blumen, die ich eigentlich den Parteioberen geben sollte, geschwind draußen in der Küche verteilte – bei den Menschen, die die Arbeit mit uns hatten. Aber gute menschliche Beziehungen machen oft erfolgreiche Politik erst möglich. Wer glaubt, er könne nur große Reden schwingen und die menschlichen Aspekte vernachlässigen, der ist nach meiner Überzeugung arm dran.

Unvergessen bleibt mir dabei der gute Rat von Mutter Teresa, dem „Engel von Kalkutta". Ich durfte sie in meiner Zeit als Ministerin während des Katholikentages in Freiburg betreuen. Sie sagte zu mir: „Ich brauche viele Menschen und viel Geld, um einen kleinen Tropfen des Leides in dieser Welt mit Gottes Hilfe zu lindern. Doch zum Wichtigsten im Leben brauchen wir gar kein Geld." Ihre Augen leuchteten und sie strahlte mich an: „Frau Griesinger, geht es Ihnen nicht auch so? Das Wichtigste in unserem Leben ist die Bereitschaft, einen Menschen, der auf uns zukommt, ein klein wenig glücklicher von uns weggehen zu lassen, als er gekommen ist. Wir müssen dabei nur fest unser Herz in die Hand nehmen und auf Gottes Hilfe vertrauen – nicht mehr und nicht weniger."

Mut machen zum eigenen Leben und den Dank dabei nicht vergessen, indem wir nicht nur über die Menschen, sondern mit ihnen sprechen – das war ein köstlicher Rat, der mir in meinem Leben oft geholfen hat. Wie schön, wenn man Vorbildern in verschiedener Weise begegnen darf. Dafür bin und bleibe ich dankbar.

Das Spiel nicht überreizen

Manche Leute fragen mich, womit ich heute meine Zeit verbringe. Ich bin viel unterwegs, mit meinem Mann im Auto oder allein, in öffentlichen Verkehrsmitteln, zweiter Klasse. Ich begegne dabei so vielen netten Menschen und lerne weiter, meine Vorurteile abzubauen. Wir pflegen auch, so gut wie möglich, die Kontakte, die wir in einem langen Leben zu vielen Freunden geknüpft haben. Es ist weiterhin ein fröhliches Geben und Nehmen.

Außerdem hoffe ich, daß mir der liebe Gott noch die Zeit schenkt, um den „Gruscht", also den Papierkram in meinem Büro aufzuräumen. Das ist eine Herkulesarbeit. Außerdem spiele ich gern mit Heinz und Freunden zur Entspannung eine Runde Skat.

Das Skatspiel hat übrigens viel mit Politik zu tun. Man lernt Fairness, darf nicht tricksen, muß sauber spielen. Man muß aufpassen, daß man sein Spiel nicht überreizt. Man darf sich nicht einbilden, man könne jedes Spiel gewinnen. Man muß mit dem Partner eine Koalition bilden gegen den, der das Spiel macht. Und man sollte auch dem anderen einmal einen Sieg gönnen. Es ist wie im richtigen Leben: Nur wer auf Dauer sauber spielt, gewinnt.

Außerdem sollte man hinterher, so oder so, über das Spiel miteinander reden. Ohne Gespräch geht es hier wie in der Politik nicht. Ich glaube, es war der Dichter und Humanist Johann Gottfried Herder, der gesagt hat, ohne Gespräch sei der Mensch wie ein See ohne Zu- und Abfluß. Fehlten diese, versumpfe das Wasser und biete weder Fisch noch Frosch Heimat.

Weiber und Politik
So ähnlich ist das auch bei Menschen. Wenn wir nicht mehr den Mut oder die Chance haben, uns

auszutauschen, umpanzern wir uns mit Vorurteilen. Aus diesen Vorurteilen werden aber schnell Verurteilungen. Das war immer mein Anliegen: ja nie vorschnell ein Urteil zu fällen, gegen Vorurteile anzugehen. Und: Gespräche offen zu führen. Nicht hinter dem Berg zu halten. Das reinigt die Atmosphäre.

Als ich Bundestagswahlkampf machte, hatte ich einmal einen Auftritt in der Gemeinde Löchgau bei Besigheim. Ich hab vor den Bauern und Wengertern über Landwirtschaftspolitik gesprochen. Danach kam mein Mann, um mich abzuholen, und hat mit den Männern noch eine Weile weiterdiskutiert. Da kam einer auf mich zu und hat sich zu mir gesetzt: „Frau Griesinger, nix für Ungut, aber worom hat Ihr Mann net kandidiert?" „Warum? Hab ich Ihnen Ihre Fragen nicht zur Genüge beantwortet?" „Ha, freilich, i han gar net gwißt, daß Ihr Weiber au so viel von Politik verstandet. Aber mit de Mannsleut kannsch oifach besser händla, kannsch mit der Faust auf da Tisch schlaga ond Herrgottsack saga. Des kann mr mit 'ma Weib net."

Ich hoffe, ich habe diesem Landsmann und vielen anderen Menschen in meinem Leben gezeigt, daß man auch in Anwesenheit einer Politikerin aus seinem Herzen keine Mördergrube machen muß. Und wem, wie mir, „Herrgottsack" viel zu grob ist, dem bleibt immer noch etwas anderes, milderes: mein Lieblingswörtchen „Heidenei" – und ein Lächeln.

„Lebensnah und fundiert": Politiker und Medien über Annemarie Griesinger

Annemarie Griesingers Jungfernrede im Bundestag am 2. März 1966 zugunsten einer Förderung der bäuerlichen Hauswirtschaft (Auszug):

„Wie sieht diese Maßnahme aus, und wo liegt ihre Bedeutung? Es handelt sich dabei um die Einrichtung zentraler Heizungs- und Warmwasser-Versorgungsanlagen in den bäuerlichen Wohnhäusern, welche zu rund 41 Prozent aus der Zeit vor 1870, zu 18 Prozent aus der Zeit vor 1900 und nur zu 27 Prozent aus der Zeit vor dem Jahr 1948 stammen und zum größten Teil noch nicht nach modernen Gesichtspunkten umgebaut werden konnten. (. . .) Heute ist es häufig so, daß der Außenbetrieb modernisiert ist, aber das Wohnhaus sehr zu wünschen übrig läßt. Ich glaube, daß sich unsere jungen Bauern (auch deshalb) oft schwertun, junge Bäuerinnen zu finden, die dort hineinheiraten. (. . .) Die Maßnahme wirkt sich auch stark auf die Bildungssituation aus. Die Kinder – und jetzt lachen Sie nicht – können nun ihre Schularbeiten ungestört im warmen Wohnzimmer machen, und das Familienleben kann auch außerhalb der Wohnküche stattfinden, so wie in allen Häusern rings um das Bauernhaus herum. (...) Mir ist es sehr wichtig festzustellen, daß diese kleine Maßnahme ein Weg sein könnte, auch mit wenig Geld Wirkungen zu erreichen und vor allem die Eigeninitiative stärker anzuregen."

Vizepräsidentin Frau Dr. Probst: „Ich beglückwünsche Frau Griesinger zu ihrer ersten Rede in diesem Hohen Hause, in der sie uns in lebensnaher und fundierter Weise die Sorgen der Landwirtschaft und die Anliegen der bäuerlichen Familien nahe gebracht hat. Ich stelle Beifall auf allen Seiten des Hauses fest." (Erneuter Beifall)

Der Bonner Journalist Walter Henkels in seiner Serie „Bonner Köpfe", 16. März 1970, Frankfurter Allgemeine Zeitung:

Jägerin, schlau im Sinn

Sie macht den Eindruck, als ob sie den Himmel stürmen wolle. Sie fegt durch die Flure des Bundeshauses, wird von Arbeit und Eile, Kraft und Fleiß getrieben und möchte ihrem Temperament die Zügel schießen lassen. Die schon mehrmals mit dem goldenen Sportabzeichen Dekorierte läßt sich ohne Widerspruch mit dem neuen Modewort „sportiv" versehen, (...) und sie könnte vom äußeren Typ her die jüngere Schwester von Frau Kiesinger sein, für die sie oft gehalten und auch angesprochen wird. Sie hat von Natur aus den Drang zu bewundern, obwohl sie jahrelang als Fürsorgerin tätig war und ihr das Leben nicht von Poesie verklärt sein kann.

Sozialministerin Annemarie Griesinger 1975 an ihren rheinland-pfälzischen Amtskollegen Heiner Geißler, der einen Brief an „die Herren Arbeitsminister" adressiert hatte:
Daß man auch die Damen nennt
Nennt man die Anschrift ohne Namen / wie es Ihr Haus zu tun beliebt, / vergißt man leicht, / daß es auch Damen / in höchsten Positionen gibt. / Im Saarland ist's, / wo ohne Bange / Frau Waschbüsch an den Hebeln schaltet,/ im Schwabenland weiß man schon lange,/ daß eine Frau das Amt verwaltet./ So sei denn meine große Bitte,/ auch wenn man sie nicht alle kennt,/ so werde es zur guten Sitte,/ daß man nun auch die Damen nennt!

Antwort von Parteifreund Heiner Geißler an seine Stuttgarter Kollegin:
Ich danke sehr für diesen Schrieb/ und bitte mir doch zu verzeih'n. / Behalten Sie mich trotz-

dem lieb, / dann will ab heut' korrekt ich sein / und immer auch die Damen nennen, / besonders jetzt, im Jahr der Frau./ Sie lernen höflich mich jetzt kennen,/ ab heute nehm' ich's ganz genau!

Der Journalist Jörg Bischoff in der Stuttgarter Zeitung, 1977:
Fraulichkeit als Kapital
Überhaupt: Die Fraulichkeit ist das persönliche Kapital, das Annemarie Griesinger fast rücksichtslos in politische Rendite umsetzt. Sie reist nicht als Minister, sondern als schwäbische Hausfrau; sie ist auch im politischen Amt jene Kreisfürsorgerin, die sie vor ihrer Karriere in Ludwigsburg gewesen ist, und das macht ihre eigentlich erstaunliche Popularität aus. Im Blindenheim in Schwäbisch Gmünd erzählt sie ihren Zuhörern zum Schrecken Unwissender ungeniert von den schönen Blumen und dem Sonnenschein – was nach Auskunft von Fachleuten genau der richtige Ton im Umgang mit Leuten ist, die ihr Augenlicht verloren haben. Sie erblickt einen „Gugelhopf" und nennt ihn – etwas am Rande der Wirklichkeit – den „Lieblingskuchen meines Mannes", alles besonders heimelig unterstrichen mit schwäbischer Mundart. Kaum ein Minister in

dieser Landesregierung, der mit seiner Familie so viel Politik macht.

Franz Josef Strauß, bayerischer Ministerpräsident und amtierender Bundesratspräsident, zur Verabschiedung von Annemarie Griesinger aus dem Bundesrat am 18. Mai 1984:

Humor und Temperament

. . .1980 haben Sie als Bevollmächtigte Ihres Landes das Haus Baden-Württemberg mit all seinen Reizen und Attraktivitäten in Bonn übernommen und Ihre Heimat nicht nur als beliebte und geschätzte Gastgeberin, sondern auch als engagierte, talentierte, rhetorisch begabte Politikerin mit Erfolg vertreten. Die Mitglieder dieses Hauses und darüber hinaus zahlreiche Politiker, Diplomaten und schlichte Bürger konnten bei vielen Gelegenheiten Ihren Charme, Ihren Humor, nicht zuletzt auch Ihr Temperament kennen- und schätzen lernen. Sie haben nicht nur Argumente beigetragen, sondern auch süddeutsch-schwäbisches Kolorit in die Debatten des Bundesrates eingebracht. Die gelegentlich hinter vorgehaltener Hand zu hörende Behauptung, daß es für unsere Stenografen erforderlich gewesen sei, einen Schwäbisch-Kurs zu belegen, hat sich bei näherer Nachprüfung allerdings als unrichtig erwiesen. Ich spreche Ihnen im Namen des gesamten Hauses unseren Dank für Ihre hier geleistete Arbeit aus.

Der Journalist Eduard Neumaier in der Stuttgarter Zeitung, 1984:
Eine nicht gehaltene Rede
Die Gäste haben in diesem von Ihnen geführten Haus so vieles gefunden: ein Stück Heimat diejenigen, die, wie ich, aus Baden oder Württemberg stammen, eine mächtige Portion Gastlichkeit alle, und eine Ahnung von der quirligen Umtriebigkeit, der tüftlerischen Unrast und auch von der behäbigen, stolzen Lebensfreude, die unser Land pflegt. Alles haben Sie in den vier Jahren, die Sie als Minister(in) für Bundesangelegenheiten in Bonn zubrachten, nicht nur schäffig organisiert, stolz repräsentiert und würdig offeriert – Sie haben das alles auch noch verkörpert und in diese Vertretung einen unnachahmlichen Geist gebracht.

Die Journalistin Uta Schlegel-Holzmann in den Stuttgarter Nachrichten, 1987:
Daheim a Grüßle
Auch die Kunst der Begrüßung beherrschte sie vorzüglich. Wo andere nüchtern-lieblos eine

Gesellschaft begrüßen oder honorigen Gästen gar untertänig salbungsvolle Worte weihen, da triumphierte bei ihr einfach die Natürlichkeit. So trug sie beispielsweise auch Ehrengästen immer auf, sie mögen daheim „an Gruß" von ihr bestellen. Vor allem aber vergaß sie nie die Schaffer. Jedem Feuerwehrmann, der grad Dienst tat, jedem Türsteher entbot sie Aufmerksamkeit, „ond saget Se au daheim a Grüßle".

Manfred Rommel, einst baden-württembergischer Finanzstaatssekretär und Stuttgarter Oberbürgermeister, 2004:
So geht's net
Ihr vorgerücktes Kinn weist sie als Kämpfernatur aus. Sie sagt, was sie denkt; wenn man sie nicht ärgert, sagt sie es in liebenswürdiger Form. Aber ich kenne sie auch anders, wenn sie im Landeskabinett dem damaligen Finanzminister und mindestens einmal auch mir ihr zorniges „Ha, so geht's net" entgegensetzte, als wir den schüchternen, aber gerechtfertigten (im übrigen jedoch vergeblichen) Versuch unternahmen, darauf hinzuweisen, daß kein Geld da ist. Ich bin auch einmal von ihr wegen meiner Theaterpolitik im Fall unseres damaligen Theaterdirektors Claus Pey-

mann telefonisch gerügt worden. Als ich mich rechtfertigen wollte, hatte sie bereits aufgelegt. Bei jedem anderen Gesprächspartner hätte ich bei einem so abrupten Ende das Rote Kreuz angerufen. Aber bei Annemarie Griesinger war ich ganz sicher, daß sie noch lebt. Nach einiger Zeit hat ihre Gnadensonne mich wieder erwärmt, was mich regelrecht glücklich machte.

Günther Oettinger, Ministerpräsident von Baden-Württemberg und 1980 Zweitkandidat in Annemarie Griesingers Wahlkreis, 2004:
Privater Politikberater
Damit kommt man zwangsläufig zu einem ganz wesentlichen Element des Erfolgsgeheimnisses von Annemarie Griesinger: ihrem Ehemann Heinz. Er war vor ihr in der Politik tätig und hat sie ermuntert, ebenfalls politische Verantwortung zu übernehmen. Heinz Griesinger war immer mehr als ein liebevoller Ehemann. Er war der ruhende Pol und der aktive Partner ihrer Ambitionen, auch bei den beiden weitreichenden Entscheidungen – nach Bonn in den Bundestag zu gehen und später in die Landesregierung als erste weibliche Ministerin einzutreten. Der Ausbildungsdirektor bei Bosch war privat als Politikbe-

rater tätig – Annemarie und Heinz Griesinger sind so gemeinsam zu einem starken politischen Team geworden.

Erwin Teufel, baden-württembergischer Ministerpräsident 1991 bis 2005:
Ihr Wort hat Gewicht
Auch als „Unruheständlerin" hat sich Annemarie Griesinger ihre warmherzige Offenheit bewahrt. Sie hat ein herausragendes Beispiel an ehrenamtlicher Tätigkeit gegeben. Ihr Wort hat nach wie vor Gewicht. Überall im Land ist sie ein gerngesehener Gast. Und noch heute kann sie ganze Säle zu Begeisterungsstürmen hinreißen.

Curt Becker, Justizminister des Landes Sachsen-Anhalt und erster Persönlicher Referent von Minister Annemarie Griesinger, 2004:
Summe der Laster
Zu ihren geflügelten Worten – sie hatte davon immer einige parat – gehörte das von der Summe der Laster, die bei den einzelnen Menschen immer gleich sei: Rauchen, Trinken, Huren und anderes mehr. Sie rauchte nicht, wenngleich sie sich dem Dampf männlicher Zigarren ohne Murren stellte. Damals wurde noch stark geraucht.

Sie trank kaum und höchst selten Alkohol, und war und ist ihrem lieben Heinz, dem Ehemann, treu ergeben. So konnte ich auch besagtes geflügeltes Wort nie mit ihrem Verhalten übereinbringen.

Dieter Hauswirth, Oberbürgermeister von Metzingen und einstiger Persönlicher Referent der Bundesratsministerin Griesinger, 2004:
Hussa-Sassa
Vielleicht war es aus einer Mostlaune heraus, daß ich die Einladung der Ministerin annahm, an einer winterlichen Treibjagd teilzunehmen. Bar jeglicher Kenntnisse über das Waidwerk, dem das Ehepaar Griesinger seit vielen Jahren frönt, fand ich mich an einem frühen Samstagmorgen in Dottingen ein. Selbstverständlich wurde ich der Ministerin als Treiber zugeteilt, und sie forderte mich auf, mit einem Prügel durch den Wald zu gehen und mit diesem, laut „Hussa-Sassa" rufend, gegen die Bäume zu schlagen. So ging ich durch den Tann, waltete dieses Amtes und hörte immer wieder Schüsse, mal aus der Ferne und immer öfter auch aus der Nähe. Bald hatte ich zwei erlegte Hasen zu tragen, die mich, aus ihren gebrochenen Augen schauend, dauerten. Gegen

Mittag wurde in einer eindrucksvollen Zeremonie die Strecke verblasen. Bevor es zum sogenannten Schüsseltrieb ging, erhielt ich als Anerkennung für meine Treibertätigkeit aus der Hand der Ministerin ein totes Häslein. Auf der abendlichen Heimfahrt habe ich mir überlegt, wer nun diesem Meister Lampe das Fell über die Ohren ziehen und ihn kochtopfgerecht tranchieren könnte. Da ich selbst hierzu nicht in der Lage war und mir auch sonst spontan niemand Geeignetes einfiel, habe ich mich einfach am Fuße der Schwäbischen Alb bei Gammelshausen dazu entschlossen, anzuhalten, mit dem Autospaten ein Loch zu graben und so dem Hasen den Weg in die Kachel zu ersparen.

Zeittafel

21. April 1924 Annemarie Roemer wird an einem Ostermontag als sechstes Kind des Studienprofessors Hermann Roemer und seiner Frau Elisabeth, geborene Schüz, in Markgröningen geboren.

1930 – 1934 Besuch der Grundschule in Markgröningen

1934 – 1937 Besuch des Realgymnasiums in Ludwigsburg

1937 – 1942 Besuch der Aufbauschule Markgröningen, dort Abitur

1942 Reichsarbeitsdienst und Kriegshilfsdienst in Südbaden, dann Ausbildung als Schwesternhelferin

1943 – 1945 Als DRK-Schwesternhelferin Einsatz in verschiedenen Lazaretten

1946 – 1948 Erholungsaufenthalt und Arbeit in der Schweiz

1950 – 1952 Ausbildung und Examen als Jugend- und Wirtschaftsfürsorgerin an der Sozialen Frauenschule des Schwäbischen Frauenvereins Stuttgart

1952 – 1953 Berufsberaterin an den Arbeitsämtern Ludwigsburg und Schwäbisch Hall

1953 Eheschließung mit Dr. Heinrich (genannt Heinz) Griesinger, dem späteren Ausbildungsdirektor der Robert Bosch GmbH und Honorarprofessor der Universität Stuttgart

1953 – 1955 Mitarbeiterin der Evangelischen Bauernschule Hohebuch bei Waldenburg

1955 – 1964 Fürsorgerin beim Landratsamt Ludwigsburg

1956 Beitritt zur Jungen Union und Vorstandsmitglied des Bezirks Nordwürttemberg

1958 Stellvertretende Landesvorsitzende des CDU-Bezirks Nordwürttemberg

1961 Wahl auf den baden-württembergischen CDU-Listenplatz 4 für die Bundestagswahl

1964 Einzug als Nachrückerin in den Deutschen Bundestag

1965 Bestätigung des Mandats bei der Bundestagswahl

1966 Jungfernrede im Bundestag: Rettung des Bäuerinnen-Programms

1969 Direktwahl als Bundestagsabgeordnete des Kreises Ludwigsburg, danach Wahl als stellvertretende Vorsitzende der CDU-Bundestagsfraktion. Mitglied des Bundestagsausschusses für Ernährung, Landwirtschaft und Forsten, des Petitionsausschusses und des Sonderausschusses für die Olympischen Spiele 1972 in München

1972 – 1980 Minister für Arbeit, Gesundheit und Sozialordnung in den Kabinetten von Hans Filbinger und Lothar Späth

1976 – 1984 direkt gewählte Landtagsabgeordnete des Wahlkreises 13 Vaihingen/Enz

1980 Von Ministerpräsident Lothar Späth zur baden-württembergischen Ministerin für Bundes- und Europa-Angelegenheiten und damit zur Bevollmächtigten des Landes in Bonn sowie zur Europabeauftragten der Landesregierung ernannt.

1984 Beendigung der politischen Karriere. Danach ehrenamtliches Engagement in verschiedenen sozialen Organisationen. Zahlreiche Auszeichnungen und Ehrungen.

1998 Zur Ehrenbürgerin ihrer Heimatstadt Markgröningen ernannt

2004 80. Geburtstag: große Gratulationscour in Markgröningen, Würdigung von Arbeit und Persönlichkeit in einer Festschrift

Register

Adenauer, Auguste (Gussi) 78
Adenauer, Konrad 14, 15, 16, 63, 72, 75, 76, 77, 78, 79, 89
Adorno, Eduard 134, 135
Auer, Margarete 88

Barth, Karl 43, 44
Barzel, Rainer 63, 86, 91, 92, 93, 94, 100, 101, 102
Bauknecht, Bernhard 23, 84
Bausch, Paul 51
Becker, Curt 139, 183
Bender, Traugott 106, 126
Bettelheim, Bruno 148
Bezner, Eberhard 80, 81
Bischoff, Jörg 178
Bissinger, Otto 46
Blessig Tuchfabrikant 56
Blum, Julie 122 ff.
Bönsch, Bertl 168, 169
Bönsch, Burga 168, 169
Brandt, Willy 89, 90, 98, 99, 100, 102
Brauksiepe, Änne 16
Brünner, Friedrich 107, 108

Carstens, Karl 143, 145
Claß, Helmut 48

Dahlgrün, Rolf 83

Dietz, Hermann 160, 162
Domhan, Karl 109

Eberle, Rudolf 106, 132
Ehrenberg, Herbert 142, 167
Eppler, Erhard 74, 115
Erhard, Ludwig 63, 64, 65, 66
Erhard, Luise 64
Erler, Fritz 68
Ertl, Josef 74, 84

Feuchte, Paul 114
Filbinger, Hans 103, 104, 105, 107, 111, 126, 129, 130, 131, 132, 133, 158, 188
Funke, Liselotte 125

Gärtner, Elsbeth 36, 37
Geißler, Heiner 177
Gemmingen-Steinegg, Julius von 55
Gemmingen-Steinegg, Marianne von 55
Gemmingen-Steinegg, Mathilde von 55
Genscher, Hans-Dietrich 89, 139
Gerschermann, Roland 139

Gerstenmaier, Eugen 66, 67, 68, 80
Gleichauf, Robert 106, 107, 133
Griesinger, August 60
Griesinger, Heinz 13, 45, 46, 47, 48, 49, 50, 51, 52, 53, 54, 60, 61, 75, 82, 90, 92, 93, 103, 124, 125, 126, 127, 128, 136, 142, 146, 149, 150, 153, 157, 163, 164, 165, 172, 173, 178, 182, 183, 184, 187
Gröger, Walter 129

Häcker, Walter 52
Hahn, Wilhelm 60, 61, 106, 107
Hallstein, Walter 88
Hartmann, Ulrich 149
Hauswirth, Dieter 140, 184
Heck, Bruno 76
Hege, Hans 48
Hellwig, Renate 103
Henkels, Walter 163, 176
Herder, Gottfried 172
Herzog, Roman 106, 119, 133
Heuss, Theodor 89, 90
Hinteregger, Herbert 124, 125, 127, 164, 165
Hirrlinger, Walter 104
Hitler, Adolf 67

Höcherl, Heinrich 83
Hochhuth, Rolf 129

Jaspers, Karl 43, 44
Jenninger, Philipp 53
Jens, Walter 59

Kässbohrer, Otto 65, 66
Katharina, Königin von Württemberg 120
Keßler, Bäckermeister 27
Kiesinger, Kurt Georg 60, 61, 63, 86, 87, 88, 89, 90
Kiesinger, Marie-Luise 88, 177
Kiesinger-Wentzel, Viola 88
Kleinert, Matthias 120
Kleist, Heinrich von 34
Kohl, Helmut 63, 143
Koschnick, Hans 142
Krämer, Wilhelm 30
Krone, Heinrich 97
Kühn, Heinz 98, 141
Kuppe, Margarete 101, 102

Leonardo da Vinci 57
Leonhardt, Gottfried 68, 69, 70, 109
Leutrum, Marie-Luise, Gräfin 82, 84, 85, 121
Liebler, Gerhard 151
Lübke, Heinrich 83
Ludwig I., Großherzog von Baden 55

Mai, Karl 81
Markus, Dietmar 161
Mayer-Vorfelder, Gerhard 129, 149
Meier-Röhn, Gerhard 116
Mommer, Karl 81, 82, 91
Münch, Walter 114
Mutters, Tom 146

Neuberger, Hermann 72
Neumaier, Eduard 180

Oettinger, Günther 144, 154, 155, 157, 182

Palm, Guntram 132, 137
Petrusek, Roman 138, 139
Peymann, Claus 181
Potthoff, Hilda 84
Probst, Maria 85, 176

Raiser, Maria 14, 17
Rathke, Friedrich Wilhelm 114
Rau, Johannes 139, 142
Regelmann, Karl 49
Remolt-Jessen, Emmy 36
Renger, Annemarie 94
Richter, Karl 33
Rilling, Eugen 32
Rilling, Helmuth 32, 33
Roemer, Christian 19
Roemer, Elisabeth 13, 19, 20, 21, 22, 25, 34, 46, 47, 57, 99, 186
Roemer, Friedrich 56
Roemer, Friedrich 81
Roemer, Georg 34
Roemer, Georg von 55
Roemer, Gerhard 24
Roemer, Heinz 34
Roemer, Helmut 24
Roemer, Hermann 13, 19, 20, 21, 23, 24, 25, 31, 32, 40, 47, 51, 54, 151, 186
Roemer, Oskar 34
Rommel, Manfred 131, 158, 181

Schäfer, Barbara 22
Schäfer, Emilie 21, 24
Schäfer-Wiegand, Barbara 138
Schäuble, Wolfgang 147
Schavan, Annette 155
Scheel, Walter 63, 89
Scheufelen, Klaus 53, 54
Schieß, Karl 108, 126
Schinckel, Martha 55
Schinckel, Max von 56
Schlee, Dietmar 135
Schlegel-Holzmann, Uta 180
Schleyer, Hanns-Martin 125
Schmeling, Max 72
Schmid, Carlo 90
Schmid-Burgk, Sonja 22

Schmidt, Helmut 93, 94, 102, 141, 142, 143
Schmidt, Martin 84
Schneider, Gerhard 138
Schnippenkötter, Swidbert 77
Schulmeister, Rudolf 72, 74, 75, 80, 81
Schuman, Robert 89
Schüz, Elisabeth, siehe Roemer, Elisabeth
Schüz, Friedrich 57, 58
Schüz, Maria 58
Schüz, Paul 57
Schüz, Theodor 57, 58
Seehofer, Horst 169
Simpfendörfer, Wilhelm 51
Späth, Lothar 103, 104, 116, 120, 121, 129 ff., 142, 143, 144, 149, 188
Stark, Anton 29, 92
Steiner, Julius 101, 102
Steinkühler, Franz 118
Strauß, Franz Josef 74, 143, 160, 162, 163, 179
Susset, Egon 84
Süßmuth, Rita 169

Teresa, Mutter 170
Teufel, Erwin 107, 131, 154, 155, 183
Tholuck, August 55
Trautwein, Albert 27

Uhland, Ludwig 56
Ulrich, Alfred 86
Ulrich, Fritz 87

Vogel, Bernhard 142
Vogel, Dieter 136, 138

Wächter, Karl Georg von 59
Walters, Vernon A. 169
Waschbüsch, Rita 125, 177
Wehner, Herbert 86, 95, 96, 97, 98
Weizsäcker, Richard von 145
Wienand, Karl 102
Wilhelm I., König von Württemberg 55, 56, 59
Wissmann, Matthias 152, 154
Wohlrabe, Jürgen 95
Wörner, Manfred 53, 94, 100

Zaiss, Dieter 156
Zeller, Hermann 65
Zink, Richard 154